Wiktor Kopernikus

First Polish Reader (Volume 2)
bilingual for speakers of English

Elementary Level

Audio tracks are available on lppbooks.com free of charge

LANGUAGE
PRACTICE
PUBLISHING

Spis treści

Table of contents

1

Chory Kot
The Sick Cat

A

Słówka
Words

1. ale - but
2. bardzo - very
3. bawi się - play
4. bez - without
5. biega - run
6. blisko - closely
7. by - would
8. był - was
9. całe/cały - whole
10. całkowicie - absolutely
11. chory - sick
12. cieszyć się - be glad
13. czasami - sometimes
14. dlaczego/dlatego - why
15. do - to
16. dobrze - well
17. dokładnie tutaj- right here
18. dom - home
19. dużo, wiele - a lot
20. duży - big
21. dwa - two
22. dzień - day
23. dziś - today
24. dziwny - strange
25. dzwoni - phones
26. gapić się - gaze
27. i, a - and
28. idzie - goes
29. im - them
30. inny - other
31. interesujący - interesting
32. ja - I
33. ja będę - I'll
34. ja jestem - I'm

35. jaki - what
36. jasne - clear
37. jeden - one
38. jego - its
39. jest - is
40. jeść - eat
41. kiedy - when
42. klatka - cage
43. kot - cat
44. kuchnia - kitchen
45. kupuje - buys
46. leżący - lying
47. leży - lies
48. ma (mieć) - has
49. mały - little
50. martwić się - worry
51. mieć - own
52. miejsce - place
53. może - maybe
54. mówi - says
55. mysz - mouse
56. na - at
57. na podłodze - down
58. na zewnątrz - out
59. najbardziej interesujący - most interesting
60. nie- don't
61. nie jest - isn't
62. nie – no, not
63. nie przejmuj się - don't worry
64. obserwując - watching
65. och - ooh
66. oczywiście - of course
67. oddychając - breathing
68. odejść - leave
69. odpowiedzi - answers
70. on - he
71. ono, to - it
72. opowiada - telling
73. pamiętać - remember
74. potem,wtedy - then
75. powinien - should
76. później - later
77. prawda - truth
78. prawie - almost
79. przed - in front of
80. przpuszcza - supposes
81. przychodzi - come
82. robi - does
83. ruszać się - move
84. są - are
85. sklep - shop
86. smutny - upset
87. spać - sleep
88. sprzedawca - salesman
89. szczepienia - vaccinations
90. szczęśliwy - happy
91. szczury - rats
92. tak - so
93. tam - there
94. teraz - now
95. też - also
96. to, że - that
97. tutaj - here
98. ty, oni - you
99. tydzień - week
100. tylko – just, only
101. w - in
102. widzieć - see
103. wieczór - evening
104. właściciel - owner
105. wola - will
106. wstać - get up
107. wszystko – all, everything
108. wyglądać - look
109. wymagany - required
110. z – from; with
111. zabawki - toys
112. zabierać - taking
113. zadowolony - glad
114. zaskoczony - surprised
115. zdarzyło się - happened
116. zdrowy - healthy
117. ze smutkiem - sadly
118. znowu - again
119. zwierzątko - pet

B

Chory Kot

Robert idzie do sklepu. Kupuje małego kota. Bardzo się cieszy, ale tydzień później Robert dzwoni do sklepu zoologicznego i mówi, że kot jest chory. Nie biega i nie bawi się. „To dziwne!“ mówi sprzedawca, „Kot jest całkowicie zdrowy. Ma wszystkie wymagane szczepienia! Dobrze pamiętam jaki to był szczęśliwy kot.“

„Ja też jestem zaskoczony!“ mówi Robert, „Ale teraz leży w jednym miejscu cały dzień i prawie się nie rusza.“ „Może dużo śpi?“ przypuszcza sprzedawca zwierząt. „Nie, nie śpi,“ odpowiada ze smutkiem Robert, „Tylko leży i się nie rusza. Tylko czasami przychodzi do kuchni, żeby jeść. Ale potem znowu leży na podłodze i nie wstaje.“

Właściciel sklepu widzi, że Rober jest bardzo smutny.

„Nie martw się. Przyjdę do Ciebie dziś i zobaczę co się stało kotu,“ mówi.

Przychodzi do domu Roberta wieczorem, żeby zobaczyć kota. Widzi, że Robert mówi prawdę. Kot nie biega i nie bawi się. Leży i prawie się nie rusza...i przed nim jest duża klatka z dwoma szczurami – inne zwierzątka Roberta. Kot leży na podłodze prawie nie oddychając – obserwuje szczury z bliska nie odrywając od nich wzroku.

„Och,“ mówi właściciel sklepu zoologicznego, „oczywiście, teraz wszytko jasne. Dlaczego ma biegać i bawić się, skoro najbardziej interesujące zabawki ma tutaj. Jaki kot zostawiłby mysz samej sobie?“

The Sick Cat

Robert goes to a pet shop. He buys a little cat. He is very glad, but a week later Robert phones the pet shop and says that the cat is sick. It does not run and play.

"That is strange!" the salesman says, "The cat is absolutely healthy. It has all the required vaccinations! I remember well what a happy cat it was."

"I'm also very surprised!" Robert says, "But now it lies in one place the whole day and almost doesn't move."

"Maybe it sleeps a lot?" the pet shop owner supposes.

"No, it doesn't sleep," Robert answers sadly, "It just lies and doesn't move. Only sometimes it comes to the kitchen to eat. But then it lies down again and doesn't get up."

The owner of the pet shop sees that Robert is very upset.

"Don't worry. I'll come to you today and I will see what happened to the cat," he says.

He comes to Robert's home in the evening to look at the cat. He sees that Robert is telling the truth. The cat doesn't run and play. It lies and almost doesn't move... and in front of it there is a big cage with two rats - Robert's other pets. The cat is lying down and almost isn't breathing - it is watching the rats so closely without taking its gaze from them.

"Ooh," the owner of the pet shop says, "Of course, everything is clear now. Why should it run and play when the most interesting toys are right here. What cat would leave a mouse out of its own will?"

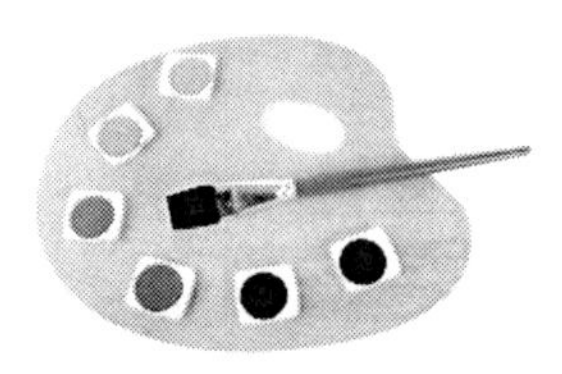

2

Chomik Ocalił Siebie

The Hamster Saved Itself

A

Słówka

Words

1. aktywny - active
2. akwariums - aquarium
3. albo, lub - or
4. Anny - ann's
5. biegnie - running
6. budzi się - wakes up
7. chce - wants
8. chciałbym - I'd
9. chcieć - want
10. chomik - hamster
11. chory - ill
12. cicho - quiet
13. coś - something
14. cześć – hello, hi
15. czuje - feels
16. czyszcząc - cleaning
17. daje - give
18. daleko - away
19. dla - for
20. dokładnie - exactly
21. dom - house
22. dorby - good
23. dziękować - thank
24. gapi się - stares
25. głośno - loudly
26. goni - chases
27. ja, mnie - me
28. jak - how
29. jednak - however
30. jej – her, herself
31. jemu, mu - him
32. jemu, sobie - itself
33. jestem - am
34. już, dopiero - already

35. każdy - every
36. koło - wheel
37. kupować - buy
38. kwiaty - flowers
39. lepiej - better
40. lubi - likes
41. lubić - like
42. łóżko - bed
43. mieć - have
44. mieć nadzieję - hope
45. miseczka - cup
46. może - can
47. mój, moje - my
48. my - we
49. myśli - thinks
50. na dworze, na zewnątrz - outside
51. naprawdę - really
52. nastrój - mood
53. nasz - our
54. natychmiast - immediately
55. nawet - even
56. niespodzianka - surprise
57. noc - night
58. nowy - new
59. obawiać się - be afraid
60. odwiedzić - visit
61. oferta - offer
62. ona - she
63. opowiada - tells
64. opowieść - story
65. owoce - fruits
66. picie - drinking
67. pije - drinks
68. pokazuje - shows
69. pokój - room
70. polepszyć - improve
71. pomoc - help
72. potrzeboiwać - need
73. powszechny - common
74. późno - late
75. prezent – gifts, present
76. przestać - stop
77. przy - by
78. przychodzi - comes
79. przyjaciele - friends
80. przynosi - brings
81. przytula - hugs
82. radosny - cheerful
83. ranić - hurt
84. rano - morning
85. Roberta - robert's
86. rybka - fish
87. siedzi – sits, sitting
88. składać wizytę - pays a visit
89. słodycze - sweets
90. smiejąc się - laughing
91. spać - sleep
92. sprawa (wypadek) - case
93. śmiech, smiać się - laugh
94. śmieje się - laughs
95. śpi - sleeps
96. śpiąc - sleeping
97. te - these
98. to,ten - this
99. twój,twoje - your
100. ty jesteś - you're
101. uratowany - saved
102. uśmiecha się - smiles
103. w - into
104. wciąż - still
105. widzi - sees
106. wie- knows
107. wiele, dużo - much
108. woda - water
109. wydaje się - seems
110. wygląda - looks
111. wysiada - gets off
112. zaczyna - starts
113. zasypia - asleep
114. zawsze - always
115. zaznajomiony - acquainted
116. zazwyczaj - usually
117. zbyt - too
118. zdaje sobie sprawę - realizes
119. zrobić się żal - feels sorry
120. zwierzęs - animal

B

Chomik ocalił siebie

Przyjaciółka Roberta, Anna, jest chora. Robert składa Annie wizytę każdego dnia. Czasami Robert przynosi dla niej prezenty. Zazwyczaj przynosi jej kwiaty, owoce lub słodycze. Lecz dzisiaj chce ją zaskoczyć. Robert wie, że Anna bardzo lubi zwierzęta. Anna ma już kota o imieniu Tom. Jednak Tom jest zazwyczaj na dworze. I Robert chce dać Annie zwierzę, które zawsze będzie w domu. _Robert idzie do sklepu zoologicznego.
„Cześć," mówi Robert do sprzedawcy w sklepie zoologicznym.
„Cześć," odpowiada sprzedawca, „Jak mogę Ci pomóc?"
„Chciałbym kupić zwierzątko dla mojej przyjaciółki," mówi Robert. Sprzedawca myśli.
„Mogę zaproponować Ci rybkę do akwarium," mówi sprzedawca. Robert patrzy na rybkę w akwarium.
„Nie. Rybka jest za cicha, a Anna jest radosna i aktywna," odpowiada Robert. Sprzedawca uśmiecha się.
„W takim wypadku Twoja przyjaciółka będzie zadowolona z tego zwierzęcia," mówi sprzedawca i pokazuje małego chomika. Robert uśmiecha się. „Masz rację," mówi Robert, „To dokładnie to, czego potrzebuję!"
Robert kupuje dwa chomiki. Kupuje też klatkę. W domku dla chomika jest wszystko – miseczka do picia, koło do biegania, a nawet małe łóżko.
_Wieczorem Robert przychodzi do Anny.
„Cześć Anno," mówi Robert, „Jak się masz?"
„Cześć Robert," odpowiada Anna, „Dziś jest o wiele lepiej."
„Anno, naprawdę chcę polepszyć Twój nastrój," mówi Robert, „Mam nadzieję, że spodoba Ci się ten prezent."

The Hamster Saved Itself

Robert's friend Ann is ill. Robert pays a visit to Ann every day. Sometimes Robert brings gifts for her. He usually brings her flowers, fruits or sweets. But today he wants to surprise her. Robert knows that Ann likes animals very much. Ann already has a cat named Tom. However Tom is usually outside. And Robert wants to give Ann an animal that will always be at home. Robert goes to a pet shop.
"Hello," Robert says to a salesman at the pet shop.
"Hello," the salesman answers, "How can I help you?"
"I'd like to buy an animal for my friend," Robert says. The salesman thinks.
"I can offer you an aquarium fish," the salesman says. Robert looks at the aquarium fish.
"No. A fish is too quiet, and Ann is cheerful and active," Robert answers. The salesman smiles.
"In this case, your friend will be glad to get this animal," the salesman says and shows a little hamster. Robert smiles.
"You're right," Robert says, "This is exactly what I need!"
Robert buys two hamsters. He also buys a cage. There is everything in the hamster house - a cup for drinking, a wheel for running, and even a little bed.
In the evening Robert comes Ann's.
"Hi Ann," Robert says, "How are you?"
"Hi Robert," Ann answers, "I am much better today."
"Ann, I really want to improve your mood," Robert says, "I hope you like this present."
Ann looks at Robert in surprise. Robert shows Ann the cage with the hamsters. Ann starts

Anna patrzy na Robert zaskoczona. Robert pokazuje Annie klatkę z chomikami. Anna zaczyna się śmiać. Przytula Roberta. „Dziękuję Robert! Bardzo lubię chomiki. Czasami myślę, ze mamy ze sobą coś wspólnego," mówi Anna. Robert też się śmieje. Robert idzie do domu późno w nocy. Kot Tom przychodzi do Anny późno w nocy. „Tom, poznajcie się. To są nasi nowi przyjaciele - chomiki o imionach Willy i Dolly," Anna opowiada kotu. Tom siada obok klatki i gapi się na chomiki. Dolly już śpi, a Willy biega w kółku. „Tom, nie krzywdź naszych nowych przyjaciół. Dobranoc wam wszystkim," mówi Anna. Anna idzie spać.

Rano Anna budzi się i widzi, że Tom siedzi obok klatki. Dolly się myje, a Willy wciąż biega w kółku. Anna zdaje sobie sprawę, że kot siedział obok klatki i obserwował Willego przez całą noc. I Willy bał się przestać. Annie zrobiło się żal Willego. Przegoniła Toma od klatki. Willy schodzi z kółka, podchodzi do miseczki z wodą i pije. Potem chomik natychmiast upada i zasypia. Śpi cały dzień. Wieczorem Robert przychodzi, a Anna opowiada mu historię o chomiku. Robert i Anna śmieją się głośno, a chomik Willy budzi się i patrzy się na nich.

laughing. She hugs Robert.
"Thank you, Robert! I like hamsters very much. Sometimes it seems to me that we have something in common," Ann says. Robert laughs too. Robert goes home late at night. Ann goes to bed. The cat Tom comes into Ann's room.
"Tom, get acquainted. These are our new friends - hamsters named Willy and Dolly," Ann tells the cat. Tom sits down by the cage and stares at hamsters. Dolly is already sleeping, and Willy is running in the wheel.
"Tom, don't hurt our new friends. Good night to you all," Ann says. Ann goes to sleep.
In the morning Ann wakes up and sees that Tom is sitting by the cage. Dolly is cleaning herself, and Willy is still running in the wheel. Ann realizes that the cat was sitting by the cage and was watching Willy the whole night. And Willy was afraid to stop. Ann feels sorry for Willy. She chases Tom away from the cage. Willy gets off the wheel, comes to the water cup and drinks. Then the hamster immediately falls down and falls asleep. It sleeps the whole day. In the evening Robert comes and Ann tells him the story about the hamster. Robert and Ann laugh loudly and the hamster Willy wakes up and stares at them.

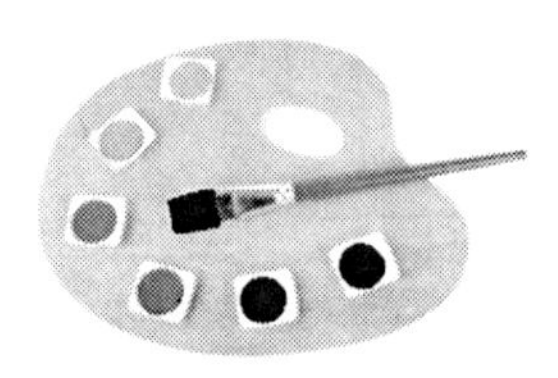

3

Wybawiciel

A Rescuer

A

Słówka

Words

1. atakuje - attacks
2. biegnie - runs
3. byli - were
4. cicho - quietly
5. do - towards
6. drzewo - tree
7. dziewczyna - girl
8. gałąź - branch
9. gepard - cheetah
10. głowa - head
11. gryzie - bite
12. ich - their
13. imię - name
14. inny - another
15. iść na - going on
16. jak - as
17. jakieś - some
18. jedzenie - food
19. jego - his
20. jeśli - if
21. jogging - jogging
22. kocha - loves
23. kota - cat's
24. krewny - relative
25. moment - moment
26. najbliższy - nearest
27. najpierw - first
28. nazywa - calls
29. nie może - can't
30. obserwuje - watches
31. odważny - brave
32. opieka - care
33. park - park
34. pies - dog
35. płacze - cries
36. po - after

37. potrzebuje - needs
38. poznać - meet
39. problem - problem
40. przechyloną - tilted
41. Przepraszam - Excuse me
42. przyjaciel - friend
43. przyspiesza,prędkość - speed
44. pyta - asks
45. rano - morning
46. rozumieć - understand
47. sąsiadujący - neighboring
48. smaczne - tasty
49. smycz - leash
50. strona - side
51. studia - college
52. supermarket - supermarket
53. szybko - quickly
54. trzymać - hold
55. warczeć- growl
56. warczy - growls
57. właściciele - owners
58. wskakuje - jumps
59. wspina się - climbs
60. wściekle - furiously
61. wściekły - furious
62. wybawiciel - rescuer
63. wyprowadzać - walking
64. wyprowadzać psa - walk the dog
65. z powrotem, do siebie - back
66. zapomnieć - forgets
67. zazywany - called
68. czas - time
69. zwierzęta - pets

B

Wybawiciel

Przyjaciel Roberta, David, też ma kota. Bardzo kocha swojego kota. Jego kot nazywa się Mars. Dawid nazywa go "Buddy". David przychodzi do supermarketu codziennie po studiach i kupuje jakieś smaczne jedzenie dla kota. Pewnego dnia Robert mówi do Dawida:" dbasz o swojego kota, jakby był krewnym."
David uśmiecha się i opowiada swoją historię. David uprawia jogging w pobliskim parku codziennie rano. W tym czasie właściciele zwierząt wyprowadzają swoje zwierzęta na spacery w parku. Raz David widzi dziewczynkę biegnącą do niego z wielkim psem na smyczy.
"Proszę pana, proszę pana!" dziewczyna płacze. David uważa, że dziewczyna ma problem i potrzebuje pomocy. _Idzie szybko poznać dziewczynę z psem.
"Co się stało?" David pyta. Dziewczyna i pies podbiegają do Dawida.

A Rescuer

Robert's friend David has a cat too. He loves his cat very much. His cat's name is Mars. David calls him "Buddy." David comes into the supermarket every day after college and buys some tasty food for the cat. One day Robert says to David: "You care about your cat as if he were a relative."
David smiles and tells his story. David goes jogging in the neighboring park every day in the morning. Pet owners are walking their pets in the park at this time. One time David sees a little girl running towards him with a big dog on a leash.
"Mister, Mister!" the girl cries. David thinks that the girl has a problem and she needs help. He goes quickly to meet the girl with the dog.
"What happened?" David asks. The girl and the dog run up to David.
"Excuse me, Mister, but my dog will bite you right now! I can't hold it back," the girl says.

"Przepraszam pana, ale mój pies zaraz cię ugryzie! Nie mogę go utrzymać," mówi dziewczyna. Najpierw Dawid nie rozumie, co się dzieje. Ale gdy pies atakuje go i wściekle warczy, David biegnie do najbliższego drzewa z szybkością geparda. W tym momencie wielki kot zeskakuje z drzewa i biegnie w bok. Pies natychmiast zapomina o Dawidzie i goni kota i warczy. Kot szybko biegnie do innego drzewa i wspina się na nie. Pies skacze z wściekłym rykiem, ale nie może dostać kota na drzewie. Potem kot kładzie się spokojnie na gałęzi z głową przechyloną na bok, spokojnie patrzy na psa. Ten dzielny kot nazywa się teraz Mars.

At first David doesn't understand what is going on. But when the dog attacks him and furiously growls, David runs to the nearest tree with the speed of a cheetah. At this moment a big cat jumps down from the tree and runs to the side. The dog forgets about David immediately and chases the cat with a growl. The cat quickly runs to another tree and climbs it. The dog jumps with a furious growl, but can't get the cat in the tree. Then the cat lies down quietly on a branch and, with his head tilted to the side, quietly watches the dog. This brave cat is now called Mars.

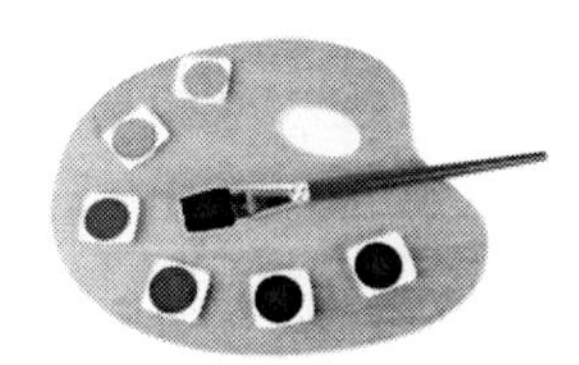

4

Niania z Ogonem

A Nanny with a Tail

A

Słówka

Words

1. bawi się - plays
2. chociaż - although
3. drzwi - door
4. dziecko - child
5. dziesiąte - tenth
6. gdzieś - somewhere
7. głaszcze - petting
8. grubszy - fatter
9. kanapa - couch
10. kobieta - woman
11. lunch - lunch
12. łapie - catches
13. małe - small
14. miauczy - meows
15. mieszka – lives
16. mieszkanie - apartment
17. młody - young
18. myszy - mice
19. niespokojny - restless
20. nigdy - never
21. obowiązki - chores
22. ogon - tail
23. ostatnio - lately
24. podłoga - floor
25. pomaga - helps
26. posłuszny - obedient
27. poza tym - besides
28. pozwala - let
29. prosi, pyta- asking
30. przyjemność - pleasure
31. ptaki - birds
32. robić, wykonywać - do, doing
33. rozumie - understands
34. schody - stairs

35. spokojny - calm
36. staje się - getting
37. syn - son
38. uchylone - ajar
39. uważa - believes

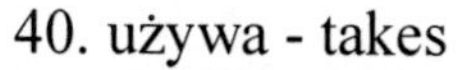

40. używa - takes
41. używać - uses
42. winda - elevator
43. wraca - returns
44. zauważa - notices

B

Niania z ogonem

Kot Mars jest bardzo posłuszny i spokojny. Chociaż ostatnio zawsze gdzieś ucieka. David zauważa, że Mars każdego dnia jest coraz grubszy. David uważa, że kot łapie ptaki i myszy. Pewnego dnia David wraca do domu,; mieszka na dziesiątym piętrze, ale nigdy nie korzysta z windy. Wchodzi po schodach na górę i widzi, że drzwi do sąsiedniego mieszkania są uchylone. David widzi młodą kobiete czyszczącą podłogi w salonie. David ją zna. Nazywa się Maria. Małe dziecko siedzi na kanapie w salonie i głaszcze kota Marsa. Mars miauczy z przyjemnością.
"Dzień dobry, Maria. Przepraszam, co mój kot robi u ciebie?" David pyta kobietę.
"Dzień dobry, David. Widzisz, moje dziecko jest bardzo niespokojne. Nie pozwala mi wykonywać obowiązków. Mój syn zawsze prosi mnie, żeby z nim się bawić. Twój kot mi pomaga. On bawi się z moim synem," odpowiada Maria. David śmieje się.
"Poza tym, zawsze dostaje smaczny lunch ode mnie!" mówi kobieta. David rozumie, dlaczego jego kot jest coraz grubszy i grubszy z każdym dniem.

A Nanny with a Tail

The cat Mars is very obedient and calm. Although lately it is always running off somewhere. David notices that Mars is getting fatter every day. David believes that the cat catches birds and mice. One day David returns home; he lives on the tenth floor, but never uses an elevator. He takes the stairs up and sees that a door to a neighboring apartment is ajar. David sees a young woman cleaning the floor in the living room. David knows her. Her name is Maria. A small child is sitting on the couch in the living room and petting the cat Mars. Mars meows with pleasure.
"Good day, Maria. Excuse me, what is my cat doing at your place?" David asks the woman.
"Good day, David. You see, my child is very restless. He doesn't let me do chores. My son is always asking me to play with him. Your cat helps me. It plays with my son," Maria answers. David laughs.
"Besides, he always gets a tasty lunch from me!" the woman says. David understands now why his cat is getting fatter and fatter every day.

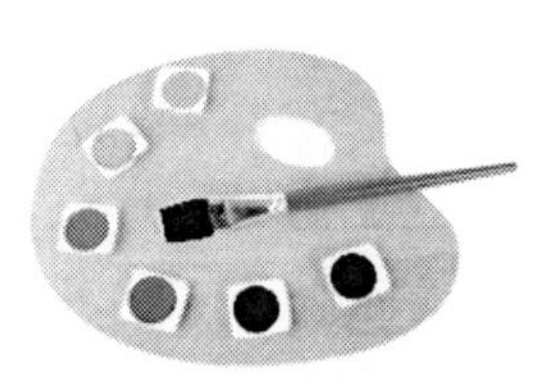

5

Mówiący Kot

A Talking Cat

A

Słówka

Words

1. aż, do - till
2. bawić się - playing
3. bezpośrednio - directly
4. boi się - gets scared
5. daje - gives
6. dzieci - children
7. głos - voice
8. iść - go
9. karmić - feed
10. kocha - loves
11. ktoś - someone
12. lalka - doll
13. lalki - doll's
14. leży - lies
15. ludzki - human
16. mówi - speaks
17. mówiąc - talking
18. mówić - speak
19. naciska - presses
20. nagle - suddenly
21. najpierw - first
22. niania - nanny
23. nigdy więcej - anymore
24. nikt - nobody
25. obraca się - turns
26. oni - they
27. patrzy - looking
28. podczas - while
29. podskakuje - jumps
30. ponadto - moreover
31. powtarza - repeats
32. powtarzać - keeps

33. pracując - working
34. prawda - true
35. przekonuje - convinces
36. przestraszona - frightened
37. raczej - rather
38. róg - corner
39. sen - dream
40. słyszała - heard
41. słyszeć - hear
42. słyszy - hears
43. stara.starsza - old
44. tak, że - that's
45. ton - tone
46. trochę - same
47. umysł, uważać - mind
48. uwaga - caution
49. uważnie - attentively
50. uznaje - decides
51. wątpliwości - doubt
52. wkrótce - soon
53. wokoło - around
54. wpatrując się - glancing
55. wyraźnie - distinctly
56. z niezadowoleniem - discontentedly
57. zaczyna - begins
58. zadowolona - satisfied
59. zasypiać - fall asleep
60. zatrudnić - hire
61. zdanie - phrase
62. zmęczony - tired
63. zostaje - stays
64. żada- demands
65. żądając - demanding
66. żegnać się,robić znak krzyża - crosses

B

Mówiący kot

Pewnego dnia, Maria decyduje się zatrudnić nianię do dziecka. Nowa niania jest raczej staruszką. Bardzo uwielbia dzieci.
W pierwszym dniu pracy u Marii, niania zostaje w domu z dzieckiem. Tylko kot Mars jest z nimi.
Po spacerze i zabawie, niania prowadzi dziecko do łóżka. Ona jest zmęczona i postanawia również iść spać. Ale jak tylko zaczyna zasypiać, nagle ktoś mówi głośno w rogu pokoju: "Nakarm mnie!"
Niania podskakuje ze zdziwienia.
Rozgląda się - nie ma tam nikogo.
Tylko kot Mars leży w rogu łóżka lalki. Kot Mars patrzy na nianię z niezadowoleniem.
Niania uznaje, że to był sen i chce wrócić do spania.
Ale z tego samego rogu ona wyraźnie słyszy znowu: "Chcę jeść" nanny odwraca głowę - kot patrzy uważnie i z niezadowoleniem bezpośrednio na nią.

A Talking Cat

One day Maria decides to hire a nanny for her child. The new nanny is a kind old woman. She loves children very much. On the first day of working at Maria's, the nanny stays at home with the child. Only Mars the cat is with them. After walking and playing, the nanny takes the child to bed. She is tired and decides to go to sleep also. But as soon as she begins to fall asleep, suddenly someone says loudly in the corner of the room: "Feed me!" The nanny jumps up in surprise. She looks around - there is nobody there. Only the cat Mars lies in the corner in a doll's bed. The cat Mars is looking at the nanny discontentedly. The nanny decides that it was a dream and she wants to go back to sleep. But then from the same corner she distinctly hears again: "I want to eat!" The nanny turns her head - the cat is looking attentively and discontentedly directly at her. The old woman gets scared. She looks at the

_Starsza kobieta boi się.
Patrzy na kota przez chwilę, gdy nagle słychać głos żądając od niej jeszcze raz: "Daj mi coś do jedzenia!"
Kobieta robi znak krzyża, tylko na wszelki wypadek, i idzie do kuchni. Daje trochę jedzenia dla kota. Ciągle patrzy ostrożnie na kota Marsa do wieczora.
Ale zadowolony kot śpi i nie mówi nic więcej.
Maria wraca do domu wieczorem i starsza kobieta opowiada jej przestraszonym tonem, że kot mówi ludzkim głosem i domaga się jedzenia. Maria jest bardzo zaskoczona. Zaczyna wątpić, że nowa niania jest o zdrowych zmysłach.
Ale niania przekonuje ją, że to jest prawda. "Tak to było!" Niania mówi: "Tu, w tym rogu, w łóżku lalki, kot siedzi i mówi do mnie "Daj mi coś do jedzenia!" Ponadto powtarza to!" mówi niania.
I nagle Maria rozumie, co się stało. Podchodzi do łóżka lalki i wyjmuje z niego małą lalkę. Maria naciska lalkę i słyszą to samo zdanie: "Chcę jeść!"

cat for a while, when suddenly the demanding voice is heard from him again: "Give me something to eat!" She crosses herself, just in case, and goes to the kitchen. She gives some food to the cat. She keeps glancing with caution at the cat Mars till the evening. But the satisfied cat sleeps and does not speak anymore.
Maria comes back home in the evening and the old woman tells her in a frightened tone that the cat speaks in a human voice and demands food. Maria is very surprised. She begins to doubt that the new nanny is in her right mind. But the nanny convinces her that it is true.
"That's how it was!" the nanny says, "Here in this corner, in the doll's bed, the cat sits and says to me 'give me something to eat'! Moreover it repeats it!" the nanny says.
And suddenly Maria understands what happened. She comes to the doll's bed and takes a small doll from it. Maria presses the doll and they hear the same phrase: "I want to eat!"

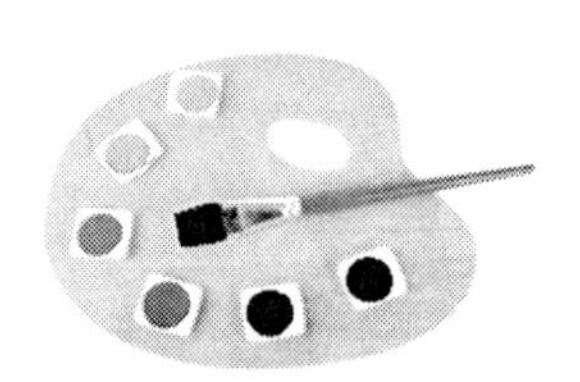

6

Śpiący Gość

Sleepy Guest

A

Słówka

Words

1. brać - take
2. być - be
3. ciekawy - curious
4. dni - days
5. dobrze - fine
6. gdzie - where
7. gość - guest
8. jesień - autumn
9. jeszcze - yet
10. jutro - tomorrow
11. karmiony - fed
12. kilka – bunch, several
13. kto - who
14. lata - years
15. następujące - following
16. nie są- aren't
17. obroża - collar
18. odpowiedź - answer
19. on jest - it's
20. pies - dog's
21. podąża - follows
22. podchodzi - approaches
23. podwórko - yard
24. pogoda - weather
25. powoli - slowly
26. próbować - trying
27. przychodzi- coming
28. przyczepiona - attached
29. sbezdomny - homeless
30. spacer- walk
31. stać się - became
32. studia - studies
33. sześć - six
34. śpiący - sleepy
35. środek - middle
36. trwało - continued

37. trzy - three
38. uniwersytet - university
39. w końcu - finally
40. wiadomość - note

41. wie - knows
42. wyspać się - get a good night's sleep
43. zbierać - gather
44. żółty - yellow

B

Śpiący gość

Jak zwykle po studiach na uniwersytecie Robert wychodzi na zewnątrz na spacer. Pogoda dzisiaj jest dobra. To właśnie środek jesieni. Robert postanawia zebrać kilka żółtych liści. Nagle widzi starego psa wchodzącego na podwórko. Wygląda na bardzo zmęczonego. Ma obrożę i wygląda na bardzo dobrze karmionego. Robert uznaje więc, że nie jest bezdomny i że wyglądają dobrze.
Pies podchodzi cicho do Roberta. Robert głaszcze go po głowie. Robert powinien już wracać do domu. Pies podąża za nim. Wchodzi do domu, powoli wchodzi do pokoju Roberta. Następnie kładzie się w kącie i zasypia.
Następnego dnia pies przychodzi ponownie. Zbliża się do Roberta na podwórku. Następnie trafia do domu ponownie i zasypia w tym samym miejscu. Śpi około trzech godzin. Potem wstaje i gdzieś odchodzi. Trwało to przez kilka dni. Wreszcie to Roberta zaciekawiło i przyczepił notatkę do psiej obroży z wiadomością: "Chciałbym wiedzieć, kto jest właścicielem tego wspaniałego psa, i czy wie, że pies przychodzi do mnie prawie codziennie spać."
Następnego dnia pies przychodzi ponownie, i taka odpowiedź jest dołączona do jego obroży: "Mieszka w domu, w którym jest sześcioro dzieci, a dwoje z nich nie ma jeszcze trzech lat. On po prostu stara się gdzieś dobrze wyspać. Czy mogę przyjść do ciebie też jutro?"

Sleepy Guest

As usual after his studies at the university, Robert goes outside to take a walk. The weather is good today. It's just the middle of autumn. Robert decides to gather a bunch of yellow leaves. Suddenly he sees an old dog coming into the yard. It looks very tired. It has a collar on and it is very well-fed. So Robert decides that it is not homeless and that they look after it well. The dog approaches Robert quietly. Robert pets it on the head. Robert should be going back home already. The dog follows him. It comes into the house; slowly comes into Robert's room. Then it lies down in the corner and falls asleep.
The next day the dog comes again. It approaches Robert in the yard. Then it goes into the house again and falls asleep in the same place. It sleeps for about three hours. Then it gets up and goes away somewhere. This continued for several days. Finally Robert became curious, and he attached a note to the dog's collar with the following: "I would like to know who is the owner of this fine dog, and if he knows that the dog comes to my place almost every day to sleep?"
The next day the dog comes again, and the following answer is attached to its collar: "It lives in a house where there are six children, and two of them aren't three years old yet. It is just trying to get a good night's sleep somewhere. Can I also come to you tomorrow?"

7

Pies Nie Jest Winny
The Dog Isn't Guilty

A

Słówka
Words

1. architekt - architect
2. biblioteka - library
3. brakuje- missing
4. budynek - building
5. być - been
6. członkowie - members
7. dostał, ma- got
8. firma - firm
9. firma budowlana - building firm
10. godziny - hours
11. grzyby - mushroom
12. i tak - anyway
13. kawiarnia - café
14. koszyki - baskets
15. las - forest
16. mama – mom, mother
17. mąż - husband
18. młodsza - younger
19. muzyka - music
20. nas- us
21. niedziela - Sunday
22. okno - window
23. osiem - eight
24. patrzy - watch
25. pobrali się - married
26. podchodzi - approach
27. podnieceni - excitedly
28. pracuje - works
29. prowadzi - drives
30. przez - through
31. rodośnie - cheerfully
32. rodzina - family

33. rok - year
34. rok temu - a year ago
35. samochód - car
36. sekretarka - secretary
37. siostra - sister
38. słońce - sun
39. szczeka - barks
40. szczekał - barked
41. szkoła - school
42. ślniący - shining
43. śpiewać - sing
44. śpiewając - singing
45. średnie - medium-sized
46. tęskni - misses
47. ukradł - stolen
48. winny - guilty
49. wisieć - hanging
50. wszyscy - everybody
51. z - with
52. zamknąć - lock
53. zbierać - pick
54. znalazł - found
55. zostać - stay

B

Pies jest nie winny

Dawid idzie do biblioteki po studiach. Spotyka swoich przyjaciół w kawiarni w godzinach wieczornych. Młodsza siostra Dawida, Nancy, ma już osiem lat. Uczy się w szkole. Mama Dawida, Linda pracuje jako sekretarka. Jej mąż Christian pracuje jako architekt w firmie budowlanej. Christian i Linda pobrali się rok temu. David ma kota o imieniu Mars i psa, Barona.

Dzisiaj jest niedziela. David, Nancy, Linda, Christian i Baron udają się do lasu na grzyby. David prowadzi. Muzyka gra w samochodzie. Ojciec i mama śpiewają. Baron szczeka wesoło.

Następnie samochód zatrzymuje się. Baron wyskakuje z auta i biegnie do lasu. Skacze i bawi się.

"Baron, powinieneś zatrzymać się tutaj," mówi David, "Powinieneś obserwować samochód. A my pójdziemy do lasu."

Baron spogląda smutno na Davida, ale i tak idzie do samochodu. Zamykają go w samochodzie. Mama, ojciec, David i Nancy biorą koszyki i idą na grzyby. Baron wygląda przez okno samochodu.

"To dobrze, że mamy Barona. On patrzy na

The Dog Isn't Guilty

David goes to the library after college. He meets his friends in a café in the evenings. David's younger sister Nancy is already eight years old. She studies at school. David's mom, Linda, works as a secretary. Her husband Christian works as an architect at a building firm. Christian and Linda got married a year ago. David has a cat named Mars and a dog, Baron.

It is Sunday today. David, Nancy, Linda, Christian and Baron go to the forest to pick mushrooms. David drives. Music plays in the car. The father and the mother sing. Baron barks cheerfully.

Then the car stops. Baron jumps out of the car and runs to the forest. It jumps and plays.

"Baron, you should stay here," David says, "You should watch the car. And we will go to the forest."

Baron looks sadly at David, but goes to the car anyway. They lock him in the car. The mother, the father, David and Nancy take baskets and go to pick mushrooms. Baron looks out through the car window.

"It is good that we have Baron. He watches the car and we don't need to worry," the

samochód i nie musimy się martwić," mówi ojciec.
"Baron to dzielny pies," mówi David.
"Pogoda jest dzisiaj dobra," mówi mama.
"Znalazłem pierwszego grzyba!" krzyczy Nancy. Każdy zaczyna zbierać grzyby w podnieceniu. Wszyscy członkowie rodziny są w dobrym nastroju. Ptaki śpiewają, słońce świeci. David gromadzi tylko duże grzyby. Mama gromadzi małe i średnie sztuki. Ojciec i Nancy zbierają duże, małe i średnie grzyby. Zbierają grzyby przez dwie godziny.
"Musimy wrócić do samochodu.
Baron tęskni za nami," mówi ojciec. Wszyscy idą do samochodu. Podchodzą do samochodu.
"Co to jest?" płacze Nancy. W samochodzie brakuje kół! Koła zostały skradzione! Pies siedzi w kabinie, patrząc na przestraszony wygląd jego rodziny. Wiadomość wisi w oknie: "Pies nie jest winny. Szczekał!"

father says.
"Baron is a brave dog," David says.
"The weather is good today," the mother says.
"I have found the first mushroom!" Nancy cries. Everybody starts to gather mushrooms excitedly. All members of the family are in a good mood. The birds are singing, the sun is shining. David gathers only big mushrooms. Mother gathers small and medium-sized ones. The father and Nancy gather big, small and medium-sized mushrooms. They pick mushrooms for two hours.
"We have to go back to the car. Baron misses us," the father says. Everybody goes to the car. They approach the car.
"What is this?" Nancy cries. The car is missing its wheels! The wheels have been stolen! The dog is sitting in the cabin and looking at his family with a frightened look. A note is hanging on the window: "The dog isn't guilty. It barked!"

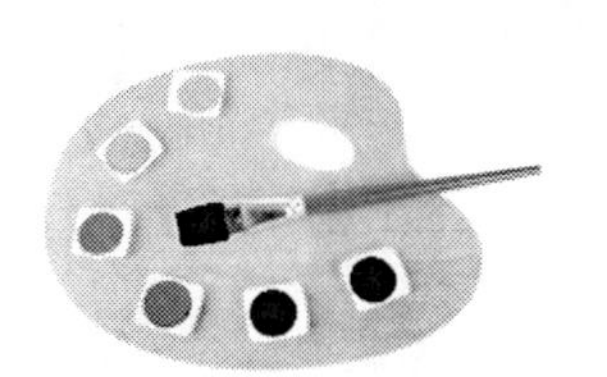

8

Walizki

The Suitcases

A

Słówka

Words

1. bagaże - luggage
2. bagażnik - compartment
3. czyta - reads
4. daleko - far
5. herbata - tea
6. historie - stories
7. jak - how
8. książki - books
9. lato - summer
10. łowić ryby - fishing
11. miał - had
12. miasto - city
13. miesiąc - month
14. niesie - carries
15. nieść - carry
16. obiad- dinner
17. obok - next to
18. odpoczywać - rest
19. ogród - garden
20. ok, dobrze - OK
21. peron - platform
22. pewny - sure
23. pomyślał - thought
24. przedstawia - introduces
25. przygotowuje się - preparing
26. przyjechać - arrive
27. razem - together
28. rzeka - river
29. samodzielnie - alone
30. siedemdziesiąt - seventy
31. skradziony - shall
32. smutny - sad
33. sprzedawać - sell
34. stacja - station
35. sytuacja - situation
36. taksówka - taxi

37. torba - bag
38. walizki - suitcases
39. warzywa - vegetables
40. wcześnie - early
41. wezwać - call
42. wujek - uncle
43. wyjaśnia - explains
44. zabrał - took
45. życie - life

B

Walizki

Każdego lata, David jedzie odwiedzić swojego wujka Filipa. Wujek Filip mieszka sam. On ma siedemdziesiąt lat. David i wujek Filip zazwyczaj łowią ryby w rzece wczesnym rankiem. Dawid pomaga wujkowi zbierać owoce i warzywa w ogrodzie. Po lunchu David odpoczywa i czyta książki. David i wujek Filip sprzedają owoce w godzinach wieczornych. Potem obiad i rozmawiają ze sobą. Wujek Filip opowiada David o swoim życiu. David zazwyczaj pozostaje u wujka Filipa przez miesiąc, a następnie wraca do domu.
Tego lata David wraca do domu od wujka Filipa autobusem. Siedzi obok dziewczyny w autobusie. David poznaje dziewczynę. Nazywa się Anna. Anna mieszka w tym samym mieście, co David. Ale Anna mieszka daleko od jego domu. Przybywają do miasta. David pomaga Annie wydostać jej torby z bagażnika. Anna zabiera dwie walizki. David pomaga jej, i bierze walizki.
"Anno, odprowadzę cię do domu," mówi David.
"OK. Ale mieszkasz daleko ode mnie," odpowiada Anna.
"Nieważne, wezmę taksówkę," odpowiada David. David i Anna spacerują po mieście wieczorem i rozmawiają. Przychodzą do domu Anny. David zanosi torby do domu. Anna przedstawia Dawida swojej mamie.
"Mamo, to jest David. David pomógł mi nieść torby," mówi Anna.

The Suitcases

Every summer, David goes to visit his uncle Philippe. Uncle Philippe lives alone. He is seventy years old. David and uncle Philippe usually go fishing in the river early in the morning. Then David helps the uncle gather fruit and vegetables in the garden. After lunch David has a rest and reads books. David and uncle Philippe take fruit to sell in the evenings. Then they have dinner and talk together. Uncle Philippe tells David stories about his life. David usually stays at uncle Philippe's for a month and then goes back home.
David is coming home from uncle Philippe's by bus this summer. He is sitting next to a girl on the bus. David gets acquainted with the girl. Her name is Ann. Ann lives in the same city as David does. But Ann lives far away from his house. They arrive in the city. David helps Ann to get her bags from the luggage compartment. Ann gets two suitcases. David helps her and takes the suitcases.
"Ann, I'll walk you home," David says.
"OK. But you live far from me," Ann answers.
"Never mind, I'll take a taxi," David answers. David and Ann walk through the evening city and talk. They come to Ann's house. David carries the bags into the house. Ann introduces David to her mom.
"Mom, this is David. David helped me to carry the bags," Ann says.
"Good evening," David says.

"Dobry wieczór," mówi David.
"Dobry wieczór," odpowiada mama Anny, "Napijesz się herbaty?"
"Nie, dziekuję. Muszę iść," mówi David. On przygotowuje się do wyjazdu.
"David, nie zapomnij walizki," mówi mama Anny. David patrzy na Annę i jej mamę w zdziwieniu.
"Jak to? Czy to nie są Twoje walizki?" David pyta Annę.
"Myślałam, że to były Twoje walizki," odpowiada Anna. Kiedy Anna brała swoją torbę z bagażnika, wyjęła dwie walizki na zewnątrz. David pomyślał, że to były walizki Anny. A Anna, że były Dawida.
"Co robimy?" mówi David.
"Musimy iść na stację," odpowiada Anna "I odnieść walizki".
Anna i David wzywają taksówkę i jadą na dworzec. Widzą dwie smutne dziewczyny na peronie. David i Anna podchodzą do dziewczyn.
"Przepraszam, czy to wasze walizki?" David pyta i wyjaśnia całą sytuację.
Dziewczyny śmieją się. Były pewne, że ich walizki zostały skradzione.

"Good evening," Ann's mom answers, "Would you like some tea?"
"No, thanks. I have to go," David says. He is preparing to leave.
"David, do not forget your suitcases," Ann's mom says. David looks at Ann and her mom in surprise.
"How's that? Aren't these your suitcases?" David asks Ann.
"I thought these were your suitcases," Ann answers. When Ann was getting her bag from the luggage compartment, she took the two suitcases out. David thought that these were Ann's suitcases. And Ann thought they were David's.
"What shall we do?" David says.
"We should go to the station," Ann answers, "And take back the suitcases."
Ann and David call a taxi and arrive to the station. There they see two sad girls on the platform. David and Ann come up to the girls.
"Excuse me, are these your suitcases?" David asks and explains all the situation to them.
The girls laugh. They were sure that their suitcases had been stolen.

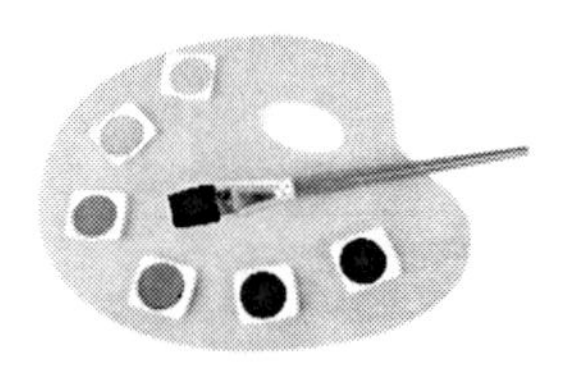

9

Profesor Leonidas

Professor Leonidas

A

Słówka

Words

1. biurko - desk
2. bóg - god
3. chociaż - though
4. cicho - silent
5. czarny - black
6. czekając - waiting
7. czuć - feel
8. dezaprobata - frown
9. długi - long
10. dziennikarstwo - journalism
11. emotionalne - emotionally
12. główny - main
13. Grecja - Greece
14. historia - history
15. kilka - few
16. koledzy - colleagues
17. król - king
18. krzesło - chair
19. mieć na myśli, chodzić o - mean
20. myśli - thoughts
21. najgłośniej - loudest
22. najsławniejszy, najbardziej znany - most famous
23. narodowy - national
24. nauczyć się - learned
25. nie był - wasn't
26. oczy - eyes
27. palec - finger
28. perfekcyjnie - perfectly
29. potajemnie - secretly
30. potrawa - dish
31. prawdopodobnie - probably
32. profesor - professor
33. przedmiot - subject
34. przepytać - quiz
35. przezwisko - nickname

36. przygotować się - prepare
37. pytania - questions
38. rzadko - rarely
39. sławny - famous
40. Sparta - Sparta
41. stopnie - marks
42. sufit - ceiling
43. śmiało - daring
44. test - test
45. trudny - difficult
46. uczeń - student
47. uczęszczać - attend
48. uczy - teaches
49. wchodzi - enters
50. wielki - great
51. włosy - hair
52. wskazówka - hint
53. wskazuje - points
54. wspaniały - magnificent
55. wydział - department
56. wykład - lectures
57. zadanie - assignment
58. zakochać się - fell in love
59. zbiera - collects
60. Zeus - Zeus
61. zgadywać - guess

B

Profesor Leonidas

David studiuje na wydziale dziennikarstwa na uczelni. Profesor Leonidas uczy na wydziale dziennikarstwa. On jest grekiem i uczy historii. Profesor Leonidas ma przezwisko Zeus, bo jego wykłady są bardzo emocjonalnie i ma wspaniałe długie włosy oraz duże czarne oczy.
Dziś David ma test z historii. Lubi ten przedmiot. Czyta dużo i zawsze dostaje dobre oceny.
David wchodzi do sali i wykonuje zadania testowe. Siada przy biurku i wykonuje zadanie. Pytania nie są trudne. Lena siedzi obok Dawida. Lena rzadko uczęszcza na wykłady profesora Leonidasa. Lena nie lubi historii.
Ona czeka na swoją kolej. Wtedy
Lena idzie do biurka profesora Leonidasa i siada na krześle.
"To są moje odpowiedzi na pytania,"
Lena mówi do profesora i daje mu zadanie testowe.
"Cóż," profesor patrzy na Lenę. Pamięta doskonale, że Lena nie uczęszcza na jego wykłady, "Lena jest dobrym uczniem i

Professor Leonidas

David studies at the journalism department at college. Professor Leonidas teaches at the journalism department. He is Greek and teaches history. Professor Leonidas has the nickname Zeus because he lectures very emotionally and has magnificent long hair and big black eyes.
Today David has a test in history. He likes the subject. He reads a lot and always gets good marks.
David enters the room and takes a test assignment. He sits down at the desk and does the assignment. The questions aren't difficult. Lena sits next to David. Lena rarely attends professor Leonidas's lectures. Lena doesn't like history. She is waiting for her turn. Then Lena goes to professor Leonidas's desk and sits down on a chair.
"These are my answers to the questions," Lena says to the professor and gives him the test assignment.
"Well," the professor looks at Lena. He remembers perfectly that Lena doesn't attend his lectures, "Lena is probably a good student and studies well," professor Leonidas

dobrze się uczy," myśli profesor Leonidas. Lecz on nadal chce przepytać dziewczynę. "Lena, kto jest głównym greckim bogiem?" Profesor pyta. Lena milczy. Ona nie wie. Profesor Leonidas czeka. Julia siedzi w recepcji. Julia chce dać jej wskazówkę. Lena patrzy na Julię. I Julia potajemnie wskazuje palcem na profesora Leonidasa. "Leonidas jest głównym greckim bogiem" Lena mówi. Uczniowie śmieją się. Profesor Leonidas patrzy na nią z dezaprobatą. Potem patrzy w sufit i zbiera myśli.
"Jeśli chodziło ci o Leonidasa, króla Sparty, to on nie był bogiem. Chociaż on również był wielkim grekiem. Jeśli masz na myśli mnie, to czuję się jak bóg tylko w kuchni, kiedy przygotowuję narodową grecką potrawę," profesor Leonidas patrzy na Lena uważnie, „Ale i tak dziękuję za śmiałe przypuszczenie."
Profesor Leonidas mówi kolegom kilka dni później, że jest on głównym greckim bogiem. Profesor śmieje się najgłośniej.
A Lena nauczyła się nazwisk wszystkich najbardziej znanych Greków i zakochała się w historii Grecji.

thinks. But he still wants to quiz the girl. "Lena, who is the main Greek god?" the professor asks. Lena is silent. She doesn't know. Professor Leonidas is waiting. Julia sits at the front desk. Julia wants to give her a hint. Lena looks at Julia. And Julia secretly points a finger at professor Leonidas. "Leonidas is the main Greek god," Lena says. The students laugh out. Professor Leonidas looks at her with a frown. Then he looks at the ceiling and collects his thoughts. "If you mean Leonidas, the king of Sparta, he wasn't a god. Though he also was a great Greek. If you mean me, then I feel like a god only in my kitchen when I prepare a national Greek dish," professor Leonidas looks at Lena attentively, "But anyway thank you for the daring guess."
Professor Leonidas tells his colleagues a few days later, that he is the main Greek god. The professor laughs loudest of all. And Lena learned the names of all the most famous Greeks and fell in love with the history of Greece.

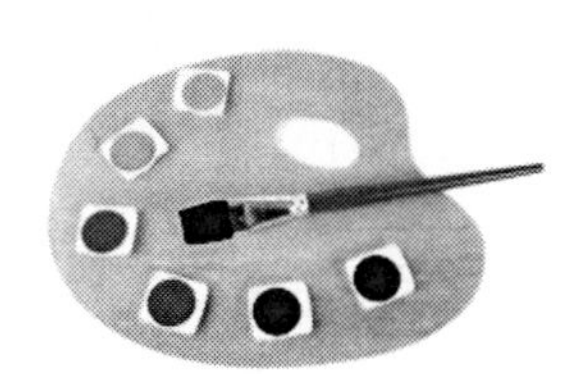

10

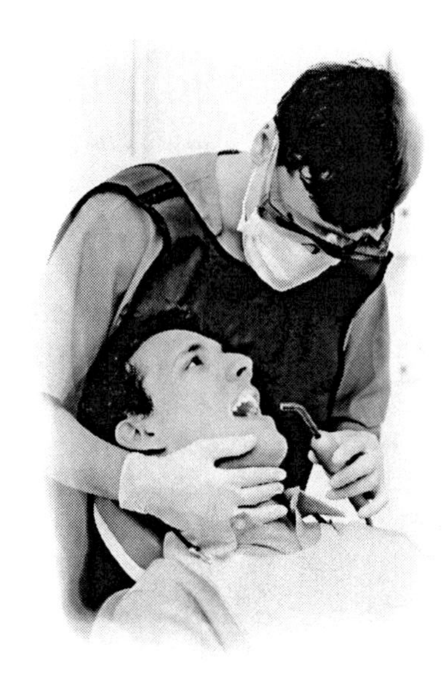

U Dentysty
At the Dentist

A

Słówka
Words

1. blisko - close
2. ból zęba - toothache
3. budowlańców - builder's
4. budowlańcy - builders
5. czegokolwiek - anything
6. dentysta - dentist
7. doktor - doctor
8. eliminuje, usuwa - eliminate
9. firma - company
10. firma budowlana - construction company
11. instalować - install
12. klient - client
13. klinika dentystyczna - dental surgery
14. lekko - slightly
15. myje - washes
16. naprawić - fix
17. niż - than
18. operacja - surgery
19. otwarte - open
20. pisze - writes
21. ponieważ, bo - because
22. praca - job
23. prawidłowo - correctly
24. proszę - please
25. proszę bardzo - you're welcome
26. przed - before
27. przypominać - recalls
28. ręce - hands
29. siada - sits
30. spotkać - met
31. strata - loss
32. szczęka- jaw
33. szef - chief

34. szeroko - widely
35. szpital - hospital
36. termin - term
37. traktuje - treats
38. ubiegać się, składac papiery - apply
39. uderza - hits
40. usta - mouth
41. usterka - defect
42. wcześniej - earlier
43. z satysfakcją - contentedly
44. zajęcia - classes
45. ząb - tooth
46. zgadza się - agrees
47. źle - badly

B

U dentysty

David ma przyjaciela o imieniu Victor. David i Victor byli przyjaciółmi przez długi czas. Victor pracuje w firmie budowlanej.
On instaluje drzwi w nowych domach. Victor nie lubi swojej pracy. On także chce studiować. Victor wraca do domu wcześniej z pracy, ponieważ uczęszcza do szkoły wieczorowej. On przygotowuje się do złożenia papierów na studia. Jednak Victor prosi dziś swojego szefa nie o to, by pozwolił mu iść na zajęcia, ale do szpitala. Victor ma ból zęba. Ma ból zęba od dwóch dni. Idzie do szpitala, do kliniki dentystycznej.
"Cześć, doktorze!" Mówi Victor.
"Cześć!" odpowiada lekarz.
"Doktorze, uważam, że już cię gdzieś kiedyś spotkałem," mówi Victor.
"Być może," odpowiada lekarz. Victor siada na krześle i otwiera szeroko usta. Lekarz leczy ząb Victora. Wszystko idzie dobrze. Lekarz myje ręce i mówi: "Twój ząb jest teraz zdrowy. Możesz iść."
Ale Victor nie może odpowiedzieć, bo nie może zamknąć ust. Victor wskazuje na usta
"Rozumiem," lekarz mówi, "Nie przejmuj się! W slangu budowlany nazwa się to usterką. Mogę naprawić usterkę jutro," odpowiada lekarz.
W tym momencie, Victor przypomina sobie, że lekarz jest klientem jego firmy. Victor źle zainstalował drzwi w domu doktora. Drzwi

At the Dentist

David has a friend named Victor. David and Victor have been friends for a long time. Victor works at a construction company. He installs doors in new apartments. Victor doesn't like his job. He wants to study at college, too. Victor leaves work earlier because he attends evening school. He prepares to apply to college. But Victor asks his chief today to let him go not to the classes, but to the hospital. Victor has a toothache. He has had a toothache for two days. He arrives at the hospital and comes into the dental surgery.
"Hello, doctor!" Victor says.
"Hello!" the doctor answers.
"Doctor, it seems to me that we have met somewhere before," Victor says.
"Maybe," the doctor answers. Victor sits down in a chair and widely opens his mouth. The doctor treats Victor's tooth. Everything goes well. The doctor washes his hands and says: "Your tooth is healthy now. You can go."
But Victor can't say anything because his mouth doesn't close. Victor points to the mouth.
"I see," the doctor says, "Don't get upset! In builder's terms, this is called a defect. I can fix this defect tomorrow," the doctor answers.
At this moment Victor recalls that the doctor is a client of their company. Victor badly

lekarza nie zamykają się. Victor pisze wiadomość dla lekarza: "Mam zamiar iść prosto do Ciebie i zainstalować drzwi prawidłowo."
Lekarz się zgadza. Victor i lekarz biorą taksówkę. Victor siedzi z otwartymi ustami w taksówce i patrzy smutno przez okno samochodu. Przychodzą do domu lekarza. Victor rozwiązuje problem z otwartymi drzwiami. Lekarz nie dziękuje Victorowi. Puka Victora lekko w szczękę i usta się zamykają. Victor jest szczęśliwy.
"Dziękuję, doktorze," mówi do lekarza, "Usuwasz usterki lepiej niż pracownicy budowlani. Robisz to, nie tracąc czasu," mówi Victor.
"Proszę bardzo," mówi lekarz z satysfakcją, "Wróć, jeśli będziesz potrzebować pomocy."

installed a door at the doctor's. The doctor's door doesn't close. Victor writes a note to the doctor: "I'll come to your place right now and install the door correctly."
The doctor agrees. Victor and the doctor take a taxi. Victor sits in the taxi with the open mouth and looks sadly through the car window. They come to the doctor's house. Victor fixes the defect with the open door. The doctor doesn't thank Victor. He hits Victor slightly on the jaw and the mouth closes. Victor is happy.
"Thank you, doctor!" he says to the doctor, "You eliminate defects better than builders. You do it without a loss of time," Victor says.
"You're welcome," the doctor says contentedly, "Come when you need help, please."

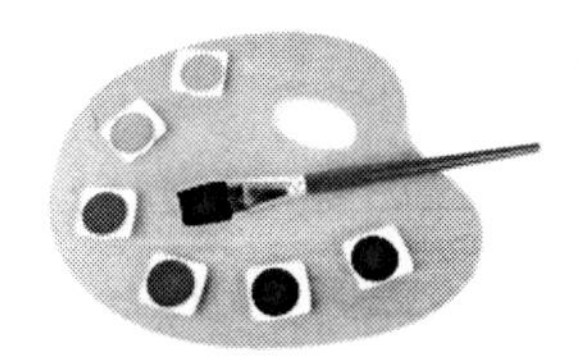

11

Sprawiedliwość Triumfuje!

Justice Triumphs!

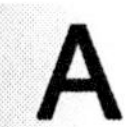

Słówka

Words

1. akademiki - dorms
2. angielski - English
3. autor - author
4. bezmyślnie - thoughtlessly
5. chwalić - praise
6. chytrze - slyly
7. często - often
8. człowiek, facet - guy
9. dany - given
10. dokładnie - strictly
11. dokładniej - more strictly
12. dosyć - enough
13. doświadczenie - experience
14. drogi - dear
15. duch - spirit
16. dzieło sztuki, arcydzieło - masterpiece
17. esej - essays
18. inteligentny - intelligence
19. kompetentny - competent
20. kompozycja - composition
21. kontynuuje - continues
22. kończy - finishes
23. lekcja - lesson
24. leniwy - lazy
25. literatura - literature
26. łatwo - easily
27. łatwy - easy
28. mądry - smart
29. mija - passes
30. mówi- talks
31. najwyższy - highest
32. napisany - written
33. nauczyciel - teacher
34. niepewnie - hesitantly
35. nikt - anybody
36. niski - low
37. oszukiwać - cheat
38. pisarz - writer

39. pochlebiać - flatter
40. pod wrażeniem - impressed
41. pojawia się, wygląda - appears
42. pomysł, koncept - concept
43. popsuć, zrujnować - spoil
44. poważnie - seriously
45. poziom - level
46. praca domowa - homework
47. przygody - adventures
48. przypominać - remind
49. przyznać - admit
50. radośnie - merrily
51. sala, klasa - classroom
52. siebie - myself
53. skopiować - copying
54. skopiowany - copied
55. słabo - poorly
56. sposób - way
57. sprawdzić - check
58. sprawiedliwość - justice
59. strach - fear
60. styl - style
61. szczególnie - especially
62. szczerze - honestly
63. temat - theme
64. triumfuje - triumphs
65. trzyma - holds
66. uważnie, ostrożnie - carefully
67. wiedział - knew
68. więcej - more
69. wspaniały - excellent
70. wyszli - left
71. zasłużył- deserved
72. zauważyć - spot
73. zdecydował - decided
74. zdumienie - amazement
75. zmiana - change
76. znaczy - means
77. zrobił - did
78. żadny - any

B

Sprawiedliwość triumfuje!

Robert mieszka w akademikach. Ma wielu przyjaciół. Wszyscy studenci go lubią. Ale nauczyciele wiedzą, że Robert jest czasem leniwy. Dlatego traktują Roberta dokładniej niż innych uczniów.
Pierwszą lekcją Roberta jest dziś angielska literatura. Uczniowie uważnie studiują prace Charlesa Dickensa. Ten pisarz zasłynął z prac takich jak Przygody Olivera Twista, Dombey i syn, David Copperfield i tak dalej.
Nauczyciel musi dziś sprawdzić zadane do domu eseje. Nauczyciel wchodzi do klasy. Trzyma pracy uczniów w swoich rękach.
"Witam. Usiądźcie, proszę," mówi nauczyciel, „Jestem zadowolony z waszych esejów. Szczególnie podoba mi się praca Roberta. Przyznam się szczerze, że nigdy nie czytałem lepszej pracy o Dickensie.

Justice Triumphs!

Robert lives in the dorms. He has a lot of friends. All the students like him. But teachers know that Robert is sometimes lazy. That's why they treat Robert more strictly than other students.
It is Robert's first lesson is English literature today. Students carefully study Charles Dickens's work. This writer became famous with works like The Adventures of Oliver Twist, Dombey and Son, David Copperfield and so on.
The teacher has to check homework essays today. The teacher enters the classroom. He holds the students' work in his hands.
"Hello. Sit down, please," the teacher says, "I am satisfied with your essays. I especially like Robert's work. I admit to you honestly that I have never read a better work about

Doskonały pomysł, właściwe pisanie, łatwy styl. Nawet najwyższy stopień tutaj nie wystarczy."
Studenci otwierają usta ze zdumienia. Ludzie nie mówią często takich rzeczy o Robercie. Następnie nauczyciel mówi o innych pracach, ale nie chwali nikogo w ten sam sposób. Potem wręcza prace studentom. Kiedy mija Roberta, mówi do niego: "Przyjdź do mnie po lekcji, proszę."
Robert jest zaskoczony. Przychodzi do nauczyciela po lekcji.
Studenci już opuścili salę.
"Robert, jesteś mądrym i dobrym człowiekiem," mówi nauczyciel, "Nawet przypominasz mnie w pewien sposób. Ja również studiowałem na tej uczelni. I mieszkałem w tym samym akademiku, jak Ty."
Robert nie rozumie, co nauczyciel ma na myśli. Ale nauczyciel patrzy na niego chytrze i kontynuuje: "Szukałem też testów byłych uczniów. Ale ja skopiowałem z nich tylko trochę, aby poczuć ducha tematu. I nigdy nie kopiowałem wszystkiego bezmyślnie, jak ty."
Strach pojawia się w oczach Roberta.
"To jest to, mój drogi. Nie tylko skopiowałeś cudzą pracę, ale i skopiowałeś dzieło napisane przeze mnie dawno temu," nauczyciel kontynuuje.
"To dlaczego dałeś mi najwyższą notę, profesorze?" Robert pyta niepewnie.
"Bo wtedy ja mam za to niską ocenę! A ja zawsze wiedziałem, że zasługuję na znacznie lepszą ocenę! I tu triumfuje sprawiedliwość!" nauczyciel śmieje się wesoło.
"Kiedy kopiowałem twoją kompozycję, byłem pod wrażeniem poziomu inteligencji autora," mówi Robert "Więc postanowiłem nic nie zmieniać, aby nie zepsuć tego arcydzieła, profesorze," Robert patrzy w oczy nauczyciela.
"Pochlebiasz bardzo słabo, Robert," odpowiedział nauczyciel patrząc poważnie na

Dickens. Excellent concept, competent writing, easy style. Even the highest mark is not enough here."
Students open their mouths in amazement. People don't often say things like that about Robert. Then the teacher talks about other works, but doesn't praise anybody the same way. Then he hands out the works to the students. When he passes Robert, he says to him: "Come to see me after the lesson, please."
Robert is surprised. He comes up to the teacher after the lesson. Students already left the classroom.
"Robert you're a smart and good guy," the teacher says, "You even remind me of myself in some ways. I also studied in this college. And I stayed in the same dorms as you do."
Robert does not understand what the teacher means. But the teacher looks at him slyly and continues: "I looked for former students' tests too. But I copied from them just a little to feel the spirit of a theme. And I never copied everything thoughtlessly as you did."
A fear appears in Robert's eyes.
"That's it, my dear. You have not only copied somebody else's work, you have copied a work written by me a long time ago," the teacher continues.
"Then why have you given me the highest mark, professor?" Robert asks hesitantly.
"Because then I got a low mark for it! And I always knew that it deserved a much better mark! And here justice triumphs now!!" the teacher laughs merrily.
"When I was copying your composition, I was impressed by the level of intelligence of the author," says Robert, "So I decided not to change anything to not to spoil this masterpiece, professor," Robert looks in the teacher's eyes.
"You flatter very poorly, Robert," the teacher answers looking seriously at Robert, "Go and remember that any time you cheat, I will spot

Roberta, "Idź i pamiętaj, że za każdym razem, gdy będziesz oszukiwać, łatwo to zauważę, bo miałem dużo doświadczenia. Czy to jest jasne?" zakończył nauczyciel.

it easily because I have had a lot of experience. Is it clear?" the teacher finishes.

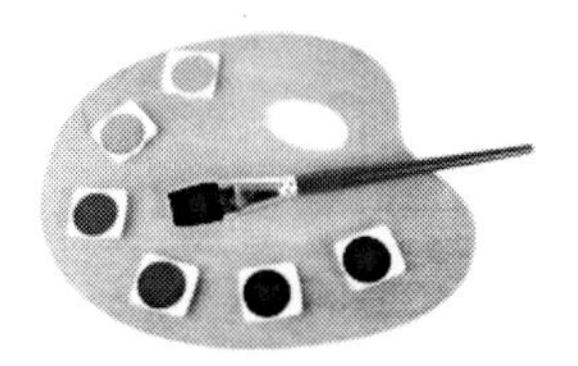

12

Gdzie jest Morze?

Where is the Sea?

A

Słówka

Words

1. całkowicie- completely
2. cicho - quiet
3. ciocia - aunt
4. czekać - wait
5. droga- road
6. dwadzieścia - twenty
7. dziesięć - ten
8. dzwonek do drzwi - doorbell
9. gałąź - bench
10. gotuje - cooks
11. hebrajski- Hebrew
12. hotel - hotel
13. inny - different
14. Jeruzalem - Jerusalem
15. kierunek - direction
16. komplement - compliment
17. koniec - end
18. könnte - could
19. mężczyzna- man
20. miasto - town
21. morze - sea
22. największy - biggest
23. odwiedzają - visiting
24. ojciec - dad
25. opalanie się - sunbathing
26. pływanie - swimming
27. podróżuje - traveling
28. posiłek - meal
29. poszedł - went
30. poznawać - recognize
31. pół, połowa - half
32. proponuje - suggests
33. prowadzi - leads
34. przeszłość - past

35. przytakuje - nods
36. ręcznik - towel
37. sąsiad- neighbor
38. sklep - market
39. skrzyżowanie - intersection
40. słucha - listens
41. sprawił komplement - paid a compliment
42. stolica - capital

43. strój kąpielowy- swimsuit
44. szczęście - luck
45. telefon, komórka - telephone
46. ulica - street
47. weekend - weekend
48. wtorek - Tuesday
49. zgubić - lost
50. znaleźć - find

B

Gdzie jest morze?

Anna, przyjaciółka Dawida, jest w podróży do Izraela, by odwiedzić swoją ciotkę i wujka w to lato. Ciotka ma na imię Yael, a wujek nazywa się Nathan. Mają syna o imieniu Ramy. Nathan, Yael i Ramy mieszkają w Jerozolimie. Jerozolima jest stolicą i największym miastem w Izraelu. Annie się tam podoba. Chodzi nad morze w każdy weekend ze swoim wujkiem i ciotką. Anna lubi pływanie i opalanie.
Dziś jest wtorek. Wujek Nathan idzie do pracy. Jest lekarzem. Ciotka Yael gotuje posiłek dla całej rodziny. Anna bardzo chce iść nad morze, ale boi się iść sama. Zna dobrze angielski, ale w ogóle nie zna hebrajskiego. Anna boi się zgubić. Słyszy dzwonek do drzwi.
"To jest twoja przyjaciółka, Nina," mówi ciocia Yael. Anna jest bardzo zadowolona, że jej przyjaciółka przyszła ją zobaczyć. Nina mieszka w Kijowie. Odwiedza ojca. Jej ojciec jest sąsiadem wujka Nathana. Nina mówi po angielsku wystarczająco dobrze.
"Chodźmy do morza," Nina sugeruje.
"Jak mamy znaleźć drogę?" Anna pyta.
"To jest Izrael. Prawie każdy tutaj mówi po angielsku," odpowiada Nina.
"Chwileczkę, wezmę strój kąpielowy i ręcznik," mówi Anna. Dziesięć minut później

Where Is the Sea?

Anna, David's friend, is traveling to Israel to visit her aunt and uncle this summer. The aunt's name is Yael, and the uncle's name is Nathan. They have a son named Ramy. Nathan, Yael and Ramy live in Jerusalem. Jerusalem is the capital and the biggest city in Israel. Anna likes it there. She go to the sea every weekend with her uncle and aunt. Anna likes swimming and sunbathing.
Today is Tuesday. Uncle Nathan goes to work. He is a doctor. Aunt Yael cooks a meal for the whole family. Anna wants to go to the sea very much, but she is afraid to go alone. She knows English well, but doesn't know Hebrew at all. Anna is afraid to get lost. She hears the doorbell ring.
"This is your friend Nina," aunt Yael says. Anna is very glad that her friend came to see her. Nina lives in Kiev. She is visiting her father. Her father is uncle Nathan's neighbor. Nina speaks English well enough.
"Let's go to the sea," Nina suggests.
"How will we find our way?" Anna asks.
"It's Israel. Almost everybody here speaks English," Nina answers.
"Wait a minute, I'll take a swimsuit and a towel," Anna says. Ten minutes later the girls go outside. A man with a child walks toward them.

dziewczyny wychodzą na zewnątrz. Mężczyzna z dzieckiem idzie w ich stronę.

"Przepraszam, jak możemy dostać się do morza?" Anna pyta go w języku angielskim

"Córka morza?" pyta mężczyzna. Anna cieszy się, że mężczyzna sprawił jej komplement. Przytakuje.

"Jest to dość daleko. Idźcie do końca ulicy, potem skręćcie w prawo. Gdy dojdziecie do skrzyżowania, skręćcie ponownie w prawo. Powodzenia," mówi mężczyzna.

Anna i Nina idą przez dwadzieścia minut. Mijają rynek. Potem mijają hotel.

"Nie znam tego hotelu. Kiedy poszliśmy nad morze z tatą, nie widzieliśmy go," mówi Nina.

"Zapytajmy jeszcze raz o drogę," proponuje Anna.

"Ta droga prowadzi do morza, nieprawdaż?" Nina pyta sprzedawcę sklepu.

"Tak, Córka Morza," sprzedawca przytakuje.

"To jest bardzo dziwne. Oni nam sprawili komplementy dziś dwa razy," Anna mówi Ninie. Dziewczyny są zaskoczone.

Idą wzdłuż drogi przez pół godziny.

"Wydaje mi się, że już byłyśmy na ulicy o tej samej nazwie," mówi Anna.

"Tak, ale domy wokół wyglądają zupełnie inaczej," Nina odpowiada.

"Czy możesz nam powiedzieć, ile idzie się stąd nad morze?" Nina pyta kobietę z psem.

"Córka morza?" pyta kobieta. Nina jest zaskoczona. Kobiety nigdy wcześniej nie prawiły jej komplementów. Przytakuje.

"Już jesteś na miejscu," mówi kobieta i idzie dalej. Anna i Nina rozglądają się.

Po prawej stronie jest kilka domów. Jest droga w lewo.

"Gdzie tutaj jest morze?" pyta Anna. Nina nie odpowiada. Wyjmuje swój telefon i dzwoni do jej ojca. Ojciec prosi Ninę, aby powiedziała mu całą historię. Dziewczyna mówi mu wszystko, a potem słucha ojca i śmieje się.

"Excuse me, how can we get to the sea?" Anna asks him in English.

"Daughter of the sea?" the man asks. Anna is glad that the man pays a compliment to her. She nods her head.

"It is quite far away. Go to the end of the street then turn to the right. When you get to the intersection, turn to the right again. Good luck," the man says.

Anna and Nina walk for twenty minutes. They pass a market. Then they go past a hotel.

"I don't recognize this hotel. When we went to the sea with my dad, I didn't see it," Nina says.

"Let's ask for directions again," Anna suggests.

"This way leads to the sea, doesn't it?" Nina asks a shop salesman.

"Yes, Daughter of the Sea," the salesman nods.

"It is very strange. They have paid you and me the same compliment two times today," Anna says to Nina. The girls are surprised.

They walk on along the road for half an hour.

"It seems to me that we have already been on a street with the same name," Anna says.

"Yes, but the houses around look completely different," Nina answers.

"Could you tell us, how long does it take to walk from here to the sea?" Nina asks a woman with a dog.

"Daughter of the sea?" the woman asks. Nina is surprised. Women have never paid her compliments before. She nods.

"You're already here," the woman says and goes on. Anna and Nina look around. There are some houses on the right. There is a road on the left.

"Where is the sea here?" Anna asks. Nina doesn't answer. She takes out her telephone and calls her father. The father asks Nina to tell him all the story. The girl tells him everything, then listens to her father and laughs.

"Anna, mój ojciec mówi, że dostaliśmy się do innego miasta. Okazuje się, że nikt nie zwrócił nam żadnych komplementów. Myśleli, że idziemy do małego miasteczka o nazwie Córka Morza.
To Bat Yam w języku hebrajskim," mówi Nina. Teraz Anna też się śmieje. Dziewczyny idą do parku i siadają na ławce. Ojciec Niny przyjeżdża w godzinę i zabiera je nad morze.

"Anna, my father says that we got to another city. It turns out that nobody paid us any compliments. They thought that we were going to a small town, named Daughter of the Sea. It is Bat Yam in Hebrew," Nina says. Now Anna laughs, too. The girls go to a park and sit down on a bench. Nina's father arrives in an hour and takes them to the sea.

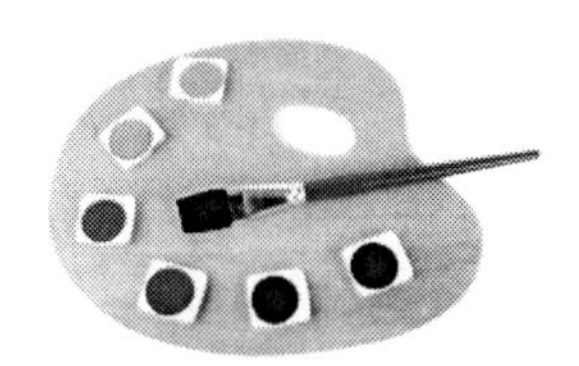

13

Mała Robota
A Small Job

A

Słówka
Words

1. czwarty - fourth
2. drugi - second
3. egzamin - exam
4. gryźć - bite
5. kapryśny - capricious
6. kawałek - bit
7. każdy - each
8. krokodyl - crocodile
9. łatwiej - easier
10. na raz - at once
11. ochroniarz - guard
12. odważny - brave
13. piąty - fifth
14. pić - drink
15. pieniądze - money
16. piłka- ball
17. podczas - during
18. pracownik - employee
19. przebiegły - sly
20. przypadkowy - random
21. rzecz - thing
22. śmieszny, zabawny - funny
23. trzeci - third
24. upuszcza - drops
25. ważny - important
26. wkładać, włożyć - put
27. wystawa - exhibition
28. zadanie - task
29. zajęty - busy
30. zamiast - instead
31. zarabiać - earn
32. zły - bad
33. zmieszany - mixed up
34. Znaczenie, sprawa - matter
35. zwracać uwagę - pay attention

B

Mała robota

Zabawna rzecz przydażyła się Robertowi w lecie. Oto co się stało. Robert postanowił zarobić trochę pieniędzy jako ochroniarz w okresie letnim. Ochraniał wystawę kotów. Wreszcie dano Robertowi ważne zadanie. Musiał wkładać koty do klatek. Miał też napisać imię kota na każdej klatce.
"OK," mówi Robert "Jakie są imiona tych pięknych kotów?"
"Kot na lewo to Tom, następny jest Jerry, Mickey jest z tyłu, Snickers i Baron są po prawej stronie," wyjaśnia mu pracownik wystawy. Każdy odchodzi i Robert pozostaje sam z kotami. Chce wypić herbatę.
Pije herbatę i patrzy na koty. Pierwszy kot się myje. Drugi patrzy przez okno. Trzeci i czwarty spacerują po pokoju. A piąty kot podchodzi do Roberta. Nagle gryzie go w nogę. Robert upuszcza kubek. Jego noga bardzo boli.
"Jesteś złym kotem, bardzo złym!" Woła: "Ty nie jesteś kotem. Jesteś prawdziwym krokodylem! Nie możesz tak robić. Jesteś Tom czy Jerry? Nie, jesteś Mickey! Albo Snickers? A może Baron?" Nagle Robert uświadamia sobie, że mieszają mu się koty. Nie zna imion kotów i nie może umieścić każdego kota do własnej klatki. Robert zaczyna wywoływać imiona kotów.
"Tom! Jerry! Mickey! Snickers, Baron", ale koty nie zwracają na niego uwagi. Są zajęte własnymi sprawami. Dwa koty bawią się piłką. Kolejny pije wodę. A inne poszły po trochę jedzenia. Jak on teraz może zapamiętać imiona kotów? I Robert nie ma nikogo do pomocy.
Wszyscy poszli już do domu. Następnie Robert woła "Kici kici!" Wszystkie koty na raz obróciły się do Roberta. Co teraz zrobić?

A Small Job

A funny thing happened to Robert in the summer. Here is what happened. Robert decided to earn some money as a guard during the summer. He guarded an exhibition of cats. Once an important task was given to Robert. He had to put the cats into cages. He also had to write a cat's name on each of the cage.
"OK," Robert says, "What are the names of these fine cats?"
"The cat on the left is Tom, the next one is Jerry, Mickey is in the back, Snickers and Baron are on the right," an employee of the exhibition explains to him. Everybody goes away and Robert stays alone with the cats. He wants to drink some tea. He drinks tea and looks at the cats. The first cat is cleaning itself. The second one is looking out the window. The third and fourth are walking around the room. And the fifth cat approaches Robert. Suddenly it bites him on the leg. Robert drops the cup. His leg hurts badly.
"You're a bad cat, very bad!" he cries, "You aren't a cat. You're a true crocodile! You can't do that. Are you Tom or Jerry? No, you're Mickey! Or Snickers? Or maybe Baron?" then suddenly Robert realizes that he mixed up the cats. He doesn't know the cats' names and cannot put each cat into its own cage. Robert begins to call out the cats' names.
"Tom! Jerry! Mickey! Snickers, Baron!" but the cats pay no attention to him. They are busy with their own matters. Two cats are playing with a ball. Another one is drinking water. And the others went to have some food. How can he remember the cats' names now? And there is nobody to help Robert.

Wszystkie koty patrzą na Roberta, a następnie odwracają się i siadają przy oknie. Siedzą i patrzą przez okno.
Wszystkie tam siedzą, i nie wiadomo jakie są ich imiona. Robert nie może myśleć o niczym. Łatwiej jest zdać egzamin niż odgadnąć imię każdego kota.
Następnie Robert decyduje, że każdego włoży kota do przypadkowej klatki. Oto co pisze na klatkach zamiast imion - Ładny, Odważny, Przebiegły, Kapryśny. Robert nazywa piątego kota, tego, który go ugryzł, w ten sposób: "Ostrożnie! Kot gryzie."

Everybody went home already. Then Robert calls out "Kitty kitty!" All the cats turn to once to Robert. What to do now? All the cats look at Robert then turn away and sit down by the window. They sit and look out of the window.
They all sit there, and it isn't clear what their names are. Robert can't think of anything. It is easier to pass an exam than to guess the name of each cat.
Then Robert decides to put each cat in a random cage. Here is what he writes on the cages instead of the names - Pretty, Brave, Sly, Capricious. Robert names the fifth cat, the one that bit him, this way: "Caution! Biting cat."

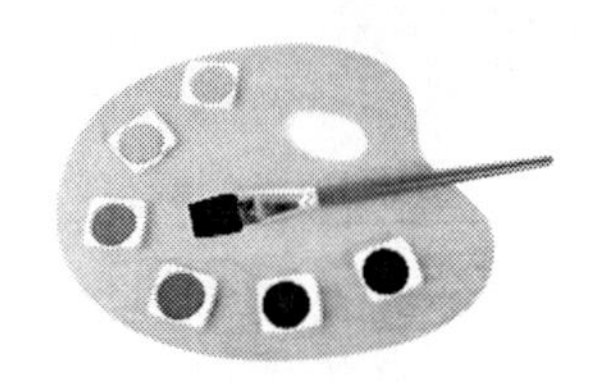

14

Zatrzymaj!
Hold!

A

Słówka
Words

1. basen - swimming pool
2. czasopisma - magazines
3. cztery - four
4. dalej - further
5. dowcip - joke
6. drzwi - doors
7. gazeta - newspaper
8. kierowca - driver
9. krzyczy - shouts
10. łajdak - scoundrel
11. metro - subway
12. mocno, ciasno - tight
13. najwyższy poziom - top-notch
14. odjeżdża - departing
15. ostrożny - careful
16. pani - Madam
17. pensja - salary
18. piątek - Friday
19. pole - field
20. policjant - policeman
21. pośpiech - hurry
22. profesjonalny - professional
23. prosto - straight
24. publiczny - public
25. pytać - ask
26. spędza - spends
27. szczęśliwie - happily
28. Środa - Wednesday
29. tracić - lose
30. transport - transportation
31. trzymając - holding
32. wydanie - issue
33. wyprzedza - overtakes
34. wyszkolony - trained
35. zainteresowanim - interest
36. zatrzymać - detain
37. zostać naprawionym - being repaired
38. zostają - remain

B

Zatrzymaj!

David studiuje na uczelni. David zwykle jedzie na studia swoim samochodem. Ale teraz jego samochód jest w naprawie. Dawid jedzie na studia transportem publicznym - najpierw autobusem, a potem metrem. Po wykładach David idzie z przyjaciółmi do kawiarni na lunch. Podczas lunchu przyjaciele rozmawiają, żartują i odpoczywają od lekcji. _Dawid idzie do biblioteki i spędza tam cztery godziny. Kończy pewne zadania, czyta nowe książki i czasopisma w swojej dziedzinie. David jest ostrożny i dobrze się uczy. On chce być na najwyższym poziomie zawodowym i dobrze zarabiać. W środę i piątek David wychodzi z biblioteki dwie godziny wcześniej i idzie na basen. David nie tylko chce być profesjonalny, ale też dobrze wysportowany. Wieczorem David spotyka swoich przyjaciół i idzie prosto do domu.
_Dziś, w drodze do domu, kupuje ostatnie wydanie gazety i idzie w dół do metra. David wychodzi z metra i widzi, że jego autobus jest już na przystanku. Zdaje sobie sprawę, że jest spóźniony na ten autobus. Widzi staruszkę biegnącą do autobusu. David też zaczyna biec. On wyprzedza kobietę i biegnie dalej. Kobieta też widzi, że jest spóźniona. Ona nie chce tracić czasu i czekać na następny autobus. Krzyczy do Dawida: "Zatrzymaj go!" Kobieta chce David poprosić kierowcę, aby zatrzymał autobus na kilka sekund. Policjant nie daleko od autobusu. Słyszy, co kobieta krzyczy. _Policjant uważa, że musi zatrzymać mężczyznę, za którym biegnie kobieta. Łapie Dawida i trzyma go mocno. Kobieta biegnie do autobusu.
"Proszę Pani, trzymam tego łajdaka!" Policjant mówi. Kobieta patrzy na policjanta

Hold!

David studies at college. David usually drives to college in his own car. But now his car is being repaired. So David goes to college on public transportation - first by bus, then by subway. After lectures David goes with his friends to a café to have lunch. While they are having lunch, the friends talk, joke and have a rest from the lessons. Then David goes to the library and spends four hours there. He finishes some assignments, reads new books and magazines in his field. David is careful and studies well. He wants to be a top-notch professional and earn a good salary. On Wednesday and Friday David leaves the library two hours earlier and goes to the swimming pool. David wants to be not just a good professional, but a well trained man too. In the evening David meets his friends or goes straight home.
Today, on the way home, he buys the last issue of the newspaper and goes down into the subway. David comes out of the subway and sees that his bus is already at the bus stop. He realizes that he is late for this bus. He sees an old woman running to the bus. David starts to run too. He overtakes the woman and runs further. The woman sees that she is late, too. She doesn't want to lose time and wait for the next bus. She shouts to David: "Hold it!" The woman wants David to ask the driver to hold the bus for a few seconds. There is a policeman not far from the bus. He hears what the woman shouts. The policeman thinks that he has to detain the man the woman is running after. He catches David and holds him tight. The woman runs up to the bus.
"Madam, I am holding this scoundrel!" the policeman says. The woman looks at the

ze zdziwieniem i mówi: "Zejdź z drogi, proszę! Spieszę się! "
Ona szczęśliwie wsiada do autobusu i drzwi zamykają się. David i policjant zostają na przystanku. A kobieta patrzy na nich z zainteresowaniem z okna odjeżdżającego autobusu.

policeman with amazement and says: "Get out of the way, please! I'm in hurry!"
She happily gets on bus and the doors close. David and the policeman remain at the bus stop. And the woman looks at them with interest from the window of the departing bus.

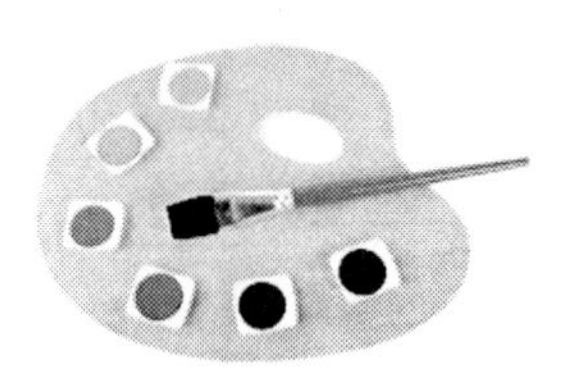

15

Wspaniały Prezent

A Wonderful Present

A

Słówka

Words

1. bagażnik - trunk
2. Biblia - Bible
3. blisko - near
4. ciągnie – pulls
5. ciemno - dark
6. cudowny - wonderful
7. czyta - reading
8. daje - giving
9. delikatnie- gently
10. dosięgnąć - reach
11. dzwoni - rings
12. leci - flies
13. lina - rope
14. malowanie - painting
15. marzy - dreaming
16. modlić się - pray
17. mruczy - purring
18. na palcach - tiptoe
19. niżej - lower
20. oddzielnie - apart
21. odpowiada - replies
22. pada śnieg - snowing
23. pięć- five
24. płacze- crying
25. prowadzi - driving
26. próbuje - tries
27. przedszkole - kindergarten
28. przywiązuje - ties
29. ramiona - arms
30. rozrywa się - rips
31. silnik - engine
32. słucha - listening
33. stoi - stands
34. stół - table

35. święta Bożego Narodzenia - Christmas
36. święty - Saint
37. wesoło - joyfully
38. wygina, nachyla - bows
39. zgina - bends
40. złota rybka - goldfish

B

Wspaniały prezent

Tina jest sąsiadką Davida i Nancy. Ona jest małą dziewczynką. Tina ma pięć lat. Chodzi do przedszkola. Tina lubi malować. Jest posłuszną dziewczynką. Nadchodzi Boże Narodzenie i Tina czeka na prezenty. Chce akwarium ze złotą rybką.
"Mamo, chciałbym złotą rybkę na święta," Tina mówi swojej mamie.
"Módlcie się do Świętego Mikołaja. On zawsze przynosi prezenty dobrym dzieciom," odpowiada mama.
Tina wygląda przez okno. Jest ciemno i pada śnieg. Tina zamyka oczy i zaczyna marzyć o akwarium ze złotą rybką.
Samochód przejeżdża obok domu. Zatrzymuje się w pobliżu następnego domu. Parkuje samochód, wysiada z niego i idzie do domu. Nagle widzi, że kotek siedzi na drzewie i głośno płacze.
"Zejdź! Kici kici!" mówi David. Ale kotek się nie rusza. "Co mam zrobić?" myśli David.
"Wiem, jak ściągnąć cię na dół," mówi David. Otwiera bagażnik i wyciąga długą linę.
Potem przywiązuje linę do gałęzi, na której siedzi kotek. Drugi koniec liny przywiązuje do samochodu. David siada w samochodzie, uruchamia silnik i jedzie się nieco w tył.
Gałąź wygina się i lekko obniża. David przechodzi do gałęzi i próbuje dostać się do kociaka. Omal go nie sięgnie.
David ciągnie linę lekko ręką i gałąź wygina się jeszcze niżej.
David stoi na palcach i wyciąga rękę.
Ale w tym momencie lina rozrywa się i kotek

A Wonderful Present

Tina is David's and Nancy's neighbor. She is a little girl. Tina is five years old. She goes to kindergarten. Tina likes painting. She is an obedient girl. Christmas is coming and Tina is waiting for the presents. She wants an aquarium with goldfish.
"Mom, I would like goldfish for Christmas," Tina says to her mom.
"Pray to St. Nicholas. He always brings good children presents," her mom replies.
Tina looks out the window. It is dark outside and it is snowing. Tina closes her eyes and starts dreaming about the aquarium with goldfish.
A car goes past the house. It stops near the next house. David is driving. He lives in the next house. He parks the car, gets out of it and goes home. Suddenly he sees that a kitten is sitting in a tree and crying loudly.
"Get down! Kitty kitty!" David says. But the kitten does not move. "What shall I do?" David thinks.
"I know how to make you get down," David says. He opens the trunk and takes out a long rope. Then he ties the rope to a branch that the kitten is sitting on. The other end of the rope he ties to the car. David gets in the car, starts the engine and drives a little way off. The branch bends and bows lower. David comes up to the branch and tries to reach the kitten. He almost reaches it. David pulls the rope slightly with his hand and the branch bows even lower. David stands on tiptoe and holds out his hand. But at this moment the rope rips apart and the kitten flies off to

odlatuje w inną stronę.
"O-o!" krzyczy David. Kotek leci do następnego domu, gdzie mieszka Tina. David biegnie po kotka.
_W tym czasie Tina siedzi z mamą przy stole. Mama czyta Biblię, a Tina uważnie słucha. Nagle kotek wlatuje przez okno. Tina krzyczy zdziwiona.
"Spójrz, mamo! Święty Mikołaj daje mi kotka!" woła radośnie Tina. Bierze kotka w ręce i głaszcze go delikatnie. Dzwoni dzwonek do drzwi. Mama otwiera drzwi. David jest u drzwi.
"Dobry wieczór! Czy kotek jest u was?" David pyta mamy Tiny.
"Tak, jest tutaj," odpowiada Tina. Kociak siedzi w jej ramionach i mruczy. David dostrzega, że dziewczynka jest bardzo zadowolona.
"Bardzo dobrze. Zatem znalazła swój dom," David uśmiecha się i wraca do domu.

another side.
"Uh-oh!" David cries. The kitten flies to the next house, where Tina lives. David runs after the kitten.
At this time Tina is sitting with her mom at the table. The mom is reading the Bible and Tina is listening attentively. Suddenly the kitten flies in through the window. Tina shouts in surprise.
"Look, mom! Saint Nicolas is giving me a kitten!" Tina cries joyfully. She takes the kitten in her hands and pets it gently. The doorbell rings. The mom opens the door. David is at the door.
"Good evening! Is the kitten at your place?" David asks Tina's mom.
"Yes, it is here," Tina replies. The kitten is sitting in her arms and purring. David sees that the girl is very glad.
"Very well. It has found its home then," David smiles and goes back home.

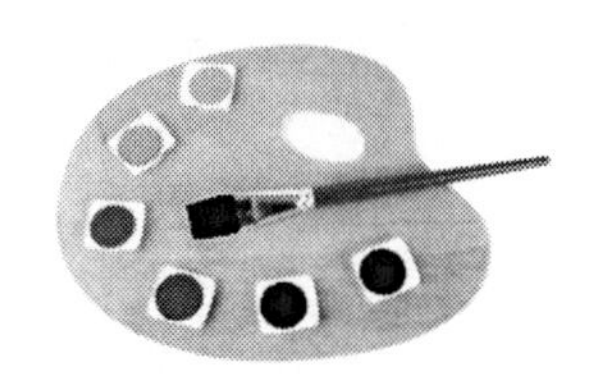

16

Wyznania w Kopercie

Confessions in an Envelope

A

Słówka

Words

1. beszta - scolding
2. bilet - ticket
3. budynki - buildings
4. centrum - centre
5. chłodno - coldly
6. czatować - chat
7. czerwieni - blushing
8. czerwona - red
9. dostał - gotten
10. e-mail - e-mail
11. fani - fans
12. forum - forum
13. głupi - stupid
14. gotowy - ready
15. internet - Internet
16. jasny - bright
17. katedra - cathedral
18. kawa - coffee
19. kolorowy - colorful
20. koperta - envelope
21. kupił- bought
22. kurier - courier
23. lecieć - fly
24. lipiec - July
25. list - letter
26. lokal - local
27. lot - flight
28. łapie - grabs
29. miasto rodzinne - hometown
30. miłość, miłosny- love
31. możliwe - possible
32. na pewno - certainly
33. najstarsza - oldest
34. nieśmiało - shyly
35. nieśmiały - shy
36. nowoczesne, współczesne - modern
37. obojętny - indifferent
38. oczarowany, zachwycony - charmed
39. odpowiedni - suitable
40. odszedł - gone

41. okropny - awful
42. osobiście - person
43. ostro- harshly
44. otrzymuje - receive
45. pakuje - pack
46. pasja - passion
47. piękny - beautiful
48. po porstu - simply
49. początek - beginning
50. pocztówki - postcards
51. poezja - poetry
52. poleca - recommends
53. południe - noon
54. powiedział - spoke
55. pozdrawia- greets
56. przekąska, przekąsić - snack
57. przyjazd - arrival
58. radzić, rada - advise
59. reaguje - react
60. romantyczna - romantic
61. rozłącza się - hangs up
62. różne - various
63. samolot - plane
64. siebie - himself
65. spotkanie - meeting
66. starożytny- ancient
67. strsznie, okropnie - terribly
68. szkoda - it's a pity
69. środowisko - environment
70. świt - daybreak
71. taki - such
72. towarzyszy - accompanies
73. uczucia - feelings
74. układa - composes
75. urocza - charming
76. uwielbia - admires
77. w interesach - on business
78. wakacje - vacation
79. walizka - suitcase
80. widoki - sights
81. wiersze - poems
82. wkładać do koperty, pieczętować- seals
83. wrażenia - impressions
84. wspaniały - amazing
85. wysyła - send
86. wyznanie - confession
87. zabić - kill
88. zachowuje - behaves
89. zalamany - despair
90. zaprasza - invites
91. zły - angry
92. zrozumiał - understood

B

Wyznania w kopercie

Robert interesuje się poezją współczesną. Na co dzień spędza dużo czasu w Internecie. Często odwiedza różne fora poetyckie i czaty. Na forum fanów poezji poznaje Elenę. Ona też lubi poezję. Pisze dobre wiersze. Robert podziwia jej wiersze. I bardzo lubi Elenę. Ona jest studentką. Szkoda tylko, że mieszka w innym mieście. Oni czatują w Internecie na co dzień, ale oni nigdy nie widzieli siebie nawzajem. Robert marzy o spotkaniu Eleny. Pewnego dnia Elena pisze mu, że chce jechać do jakiegoś innego miasta na wakacje. Mówi,

Confessions in an Envelope

Robert is interested in modern poetry. He spends a lot of time on the Internet every day. He often visits various poetry forums and chats there. He meets Elena at a forum of poetry fans. She likes poetry, too. She writes good poems. Robert admires her poems. And he likes Elena very much, too. She is a student. It is a pity she lives in another city. They chat on the Internet every day, but they have never seen each other. Robert dreams of meeting Elena.
One day Elena writes him that she wants to

że chce zmienić otoczenie i zyskać nowe wrażenia. Robert z przyjemnością zaprasza ją. Elena się zgadza.

Pojawia się na początku lipca i zatrzymuje się w hotelu. Robert jest nią zachwycony. Elena jest naprawdę uroczą dziewczyną. W dniu jej przyjazdu Robert pokazuje jej lokalne zabytki.

"Jest to najstarsza katedra w mieście. Lubię tu przychodzić," mówi Robert.

"Och, tutaj jest po prostu niesamowicie!" odpowiada Elena.

"Czy są jakieś ciekawe miejsca w twoim rodzinnym mieście?" pyta Robert, "Moja siostra Gabi będzie lecieć tam za kilka dni w interesach. Prosi cię, byś doradziła jej, gdzie ona może tam pójść," mówi.

"Centrum miasta jest bardzo piękne," poleca Elena, "Jest tam wiele starożytnych budowli. Ale jeśli chce się coś przekąsić, nie powinna iść do kawiarni "Big Bill". Kawa jest tam okropna!"

"Na pewno jej powiem," śmieje się Robert.

Wieczorem Robert towarzyszy Elenie w drodze do hotelu. Następnie całą drogę do domu myśli o tym, co powinien zrobić. Chce powiedzieć Elenie o swoich uczuciach, ale nie wie, jak to zrobić. Ona zachowuje się z nim jak z przyjacielem, a on nie wie, jak zareaguje na jego wyznanie. Czuje się przy niej nieśmiały. Dlatego w końcu decyduje się napisać jej wyznanie miłości w liście. Ale nie chce, aby wysłać list pocztą elektroniczną. Wydaje mu się, że to nie jest odpowiednie dla takiej romantycznej dziewczyny jak Elena. W sklepie nie daleko od domu widzi pocztówki i kolorowe koperty. Robertowi podobają się jasne czerwone koperty i kupuje jedną. Ma nadzieję, że Elenie też będzie się ona spodobać. Siostra Roberta, Gabi, przyszła wieczorem.

"Zatem lubisz Elenę?" pyta.

"Tak, jest bardzo uroczą dziewczyną,"

go to some other city on vacation. She says she wants to change the environment and to get new impressions. Robert invites her with pleasure. Elena agrees.

She arrives in the beginning of July and stays at a hotel. Robert is charmed by her. Elena is really a charming girl. On the day of her arrival Robert shows her the local sights.

"This is the oldest cathedral in the city. I like to come here," Robert says.

"Oh, it is just amazing here!" Elena replies.

"Are there any interesting places in your hometown?" Robert asks, "My sister Gabi is going to fly there in a few days on business. She asks you to advise her where she can go there," he says.

"The centre of the city is very beautiful," Elena recommends, "There are a lot of ancient buildings there. But if she wants to have a snack, she should not go to the coffee house 'Big Bill'. The coffee is awful there!"

"I'll certainly tell her," Robert laughs.

In the evening John accompanies Elena on the way to the hotel. Then all the way home he thinks about what he should do. He wants to tell Elena about his feelings, but doesn't know how to do this. She behaves with him as with a friend, and he doesn't know how she would react to his confession. He feels shy with her. That is why he finally decides to write her a confession of his love in a letter. But he doesn't want to send the letter by e-mail. It seems to him not to be suitable for such a romantic girl as Elena. He sees postcards and colorful envelopes in a shop not far from home. Robert likes bright red envelopes and he buys one. He hopes that Elena will like it, too. Robert's sister Gabi came in the evening.

"Well, do you like Elena?" she asks.

"Yes, she is a very charming girl," Robert answers.

"I'm glad to hear it. I'll fly to her city tomorrow at noon. I've already bought a

odpowiada Robert.
"Miło to słyszeć. Polecę do jej miasta jutro w południe. Już kupiłem bilet," kontynuuje Gabi.
"Radzi ci odwiedzić centrum miasta," mówi Robert.
"Okay. Podziękuj jej proszę za radę," odpowiada Gabi.
Robert siedzi przy stole w salonie i całą noc układa wyznanie miłości do Eleny. Pisze jej długie wyznanie miłości. O świcie wkłada list do czerwonej koperty i pozostawia ją na stole. Rano wzywa kuriera i daje mu list. Chce, żeby Elena otrzymała miłosny list tak szybko, jak to tylko możliwe. Robert jest bardzo zmartwiony, więc idzie na spacer. Dzwoni do Eleny godzinę później.
"Dzień dobry, Elena," pozdrawia ją.
"Dzień dobry, Robert," odpowiada mu.
"Czy już dostałaś mój list?" pyta, rumieniąc się.
"Tak, mam," mówi chłodno.
"Może spotkajmy się i wybierzmy się na spacer .." mówi nieśmiało.
"Nie. Muszę spakować walizkę. Już na mnie czekają w domu," mówi ostro i rozłącza się. Robert jest po prostu w rozpaczy. Nie wie, co robić. Zaczyna besztać się za napisanie wyznania miłości. W tej chwili dzwoni jego siostra. Jest strasznie zła.
"Robert, gdzie jest mój bilet na samolot? Zostawiłam go na stole w salonie! Był w czerwonej kopercie. Ale teraz go nie ma! Jest tam list! Co to za głupi żart?" Gabi krzyczy.
Robert nie może w to uwierzyć. Wszystko staje się dla niego jasne. Elena otrzymała bilet na dzisiejszy lot do swojego miasta od kuriera. Uznała, że Robert jej nie lubi i chce, żeby wyjechała.
"Robert, dlaczego milczysz?" Gabi jest zła, "Gdzie jest mój bilet?"
Robert zrozumiał, że dzisiaj dwie kobiety na raz są gotowe go zabić. Ale jest szczęśliwy, że Elena nie jest obojętna wobec niego.

ticket," Gabi continues.
"She advises you to visit the center of the city," Robert says.
"Okay. Thank her for the advice, please," Gabi replies.
Robert sits at the table in a living room and composes a love confession to Elena all night. He writes her a long love confession. He seals the letter into the red envelope at daybreak and leaves it on the table. He calls a courier in the morning and gives him the letter. He wants Elena to receive his love confession as soon as possible. Robert is very worried so he goes out for a walk. He calls Elena an hour later.
"Good morning, Lena," he greets her.
"Good morning, Robert," she answers him.
"Have you already gotten my letter?" he asks, blushing.
"Yes, I have," she says coldly.
"Maybe let's meet and take a walk.." he says shyly.
"No. I need to pack the suitcase. They are already waiting for me at home," she says harshly and hangs up. Robert is simply in despair. He doesn't know what to do. He begins scolding himself for having written the love confession. At this moment his sister calls him. She is terribly angry.
"Robert, where is my plane ticket? I left it on the table in the living room! It was in a red envelope. But now it's gone! There is a letter there! What's the stupid joke?!" Gabi cries.
Robert can't believe it. Everything is clear to him now. Elena has received a ticket for today's flight to her city from the courier. She decided that Robert doesn't like her and he wants her to leave.
"Robert, why are you silent?" Gabi is angry, "Where is my ticket?"
Robert understood that today two women at once are ready to kill him. But he is happy that Elena is not indifferent towards him. With what passion she spoke to him! She has

Z jaką pasją mówiła do niego! Ona też darzy go uczuciem! Radośnie biegnie do domu, łapie wyznanie miłości ze stołu i biegnie do Eleny, aby przeczytać jej osobiście.

feelings towards him, too! He joyfully runs home, grabs the love confession from the table and runs to Elena to read it to her in person.

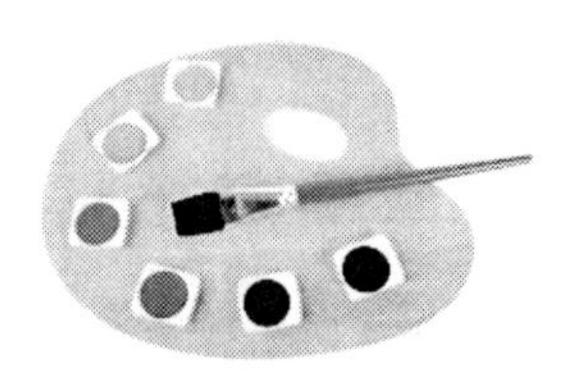

17

Specjalność Domu

A Specialty of the House

A

Słówka

Words

1. chlapie - splashes
2. dzwonić - phone
3. folia - foil
4. hałas - noise
5. krycie - mating
6. kurczak - chicken
7. ludzie - people
8. ładny – pretty
9. minuty - minutes
10. niski - short
11. nogi - legs
12. ostrzegać - warn
13. paczka - packet
14. pakować - wrap
15. piekarnik - oven
16. piknik - picnic
17. pilnie - urgently
18. przerywa - interrupts
19. przyniósł - brought
20. pyszne - delicious
21. skomplikowany - complicated
22. smakowity - appetizing
23. smażyć - fry
24. specjalność - specialty
25. starać się - try hard
26. stygnąć - cold
27. szerokie oczy - wide-eyed
28. sztraszny - terrible
29. wystającymi - sticking out
30. za - behind
31. zaczął - began
32. zemdlała - fainted

B

Specjalność domu

Gabi kotuje znakomitego kurczaka z warzywami. To jej danie specjalne. Pewnego dnia Robert prosi ją, żeby ugotować mu to pyszne danie. Robert jedzie na piknik z przyjaciółmi. Chce, aby zadowolić swoich przyjaciół z smacznym daniem. Chce, żeby Gabi nie smażyła kurczaka, ale upiec go w piekarniku. Ale Gabi proponuje mu, żeby to szybko usmażyć, bo nie ma wystarczająco dużo czasu. _Robert zgadza się na to.
"Gabi, nie mam czasu, aby przyjść i wziąć kurczaka o czasie," mówi do niej Robert "Elena przyjdzie i zabierze kurczaka. W porządku?"
"Dobrze," mówi Gabi "Dam go do Elenie."
Gabi stara się dobrze zrobić kurczaka z warzywami. Jest to dość skomplikowane danie. Ale Gabi jest doskonałym kucharzem. Wreszcie kurczak jest gotowy. Danie wygląda bardzo apetycznie. Gabi patrzy na zegarek. Elena powinna wkrótce przyjść. Ale nagle dzwonią do Gabi z pracy. Dziś Gabi ma dzień wolny, ale ludzie w pracy proszą ją, aby przyszła na krótki czas z powodu jakiejś ważnej kwestii. Powinna iść w trybie pilnym. Jest też stara niania i dziecko w domu. Niania zaczęła pracować dla nich nie tak dawno temu.
"Muszę iść na krótki czas w interesach," mówi Gabi do niani, "Dziewczyna przyjdzie po kurczaka za dziesięć minut. _Kurczak teraz stygnie. Będziesz musiała zawinąć go w folię i dać go dziewczynie. Ok?" prosi.
"Dobrze," niania odpowiada, "Nie martw się, Gabi, zrobię tak, jak mówisz."
"Dziękuję!" Gabi dziękuje niani i szybko odchodzi w interesach. Dziewczyna jest w dziesięć minut.
"Cześć. Przyszłam po.." mówi.

A Specialty of the House

Gabi cooks a very fine chicken with vegetables. It is her specialty dish. One day Robert asks her to cook him this delicious dish. Robert is going on a picnic with his friends. He wants to please his friends with a tasty dish. He wants Gabi not to fry chicken, but to cook it in an oven. But Gabi offers him to quickly fry it because she hasn't enough time. Robert agrees to it.
"Gabi, I don't have time to come and take the chicken on time," Robert says to her, "Elena will come and will take the chicken. Okay?"
"Okay," Gabi says, "I'll give it to Elena."
Gabi tries hard to the cook chicken with vegetables well. It is a pretty complicated dish. But Gabi is an excellent cook. Finally, the chicken is ready. The dish looks very appetizing. Gabi looks at the watch. Elena should come soon. But suddenly they phone Gabi from work. Today Gabi has a day off, but people at work ask her to come for a short time because of some important issue. She should go urgently. There is also an old nanny and a child at home. The nanny began working for them not long ago.
"I need to go for a short time on business," Gabi says to the nanny, "A girl will come for the chicken in ten minutes. The chicken is getting cold now. You will have to wrap it in foil and give it to the girl. Okay?" she asks.
"Okay," the nanny replies, "Do not worry, Gabi, I'll do it as you say."
"Thank you!" Gabi thanks the nanny and quickly leaves on business. The girl comes in ten minutes.
"Hello. I came to take.." she says.
"I know, I know," the nanny interrupts her, "We have already fried it."
"You fried it?" the girl stares wide-eyed at

"Wiem, wiem," niania przerywa jej, "Właśnie go usmażyłyśmy."
"Usmażyłyście?" dziewczyna patrzy się z szeroko otwartymi oczami na nianię.
"Wiem, że nie chciałaś, aby go usmażyć. Ale nie martw się, usmażyłyśmy go dobrze. Okazał się, bardzo smaczny! Zapakuję go dla Ciebie," mówi niania i idzie do kuchni. Dziewczyna powoli idzie do kuchni za nianią.
"Dlaczego go usmażyłyście?" dziewczyna pyta ponownie.
"Wiem, że nie chciałaś go w ten sposób. Ale nie martw się," odpowiada niania, "To jest naprawdę smaczne. Będziesz zadowolona."
Dziewczyna widzi, że stara kobieta owija w paczkę coś smażonego, z wystającymi nogami. Nagle starsza kobieta słyszy hałas i odwraca się. Widzi, że dziewczyna zemdlała.
"Och, coś strasznego!" Stara kobieta krzyczy: "Co mam teraz zrobić?" Chlapie trochę wody na dziewczynę, a dziewczyna powoli dochodzi do siebie. W tej chwili Gabi wraca do domu.
"Och, zapomniałam cię ostrzec," Gabi mówi do niani, "To jest moja przyjaciółka, który przyszła odebrać jej kota. Przyniosła go do naszego kota na krycie. A co tu się stało?"

the nanny.
"I know that you didn't want to fry it. But don't worry, we've fried it well. It turned out very tasty! I'll pack it for you," the nanny says and goes to the kitchen. The girl slowly goes to the kitchen behind the nanny.
"Why did you fry it?" the girl asks again.
"I know that you didn't want it that way. But do not worry," the nanny answers, "It is really tasty. You will be glad."
The girl sees that the old woman wraps in a packet something fried, with its legs sticking out. Suddenly the old woman hears a noise and turns around. She sees that the girl has fainted.
"Oh, how terrible!" the old woman cries, "What shall I do now?" She splashes some water on the girl, and the girl slowly comes to. At this moment Gabi comes back home.
"Oh, I forgot to warn you," Gabi says to the nanny, "This is my friend who came to take back her cat. She brought it to our cat for mating. And what happened here?"

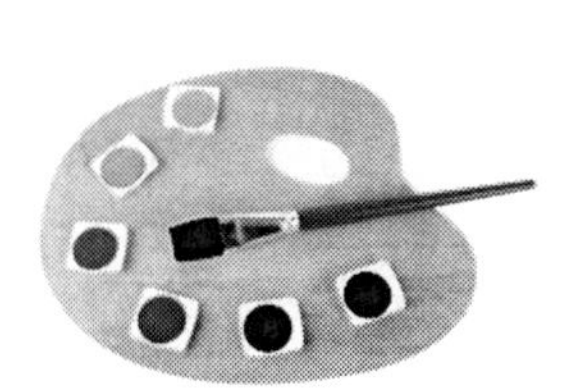

18

Tulipany i Jabłka

Tulips and Apples

A

Słówka

Words

1. entuzjastycznie - enthusiastically
2. gałęzie - branches
3. jabłko- apple
4. kwietnik - flowerbed
5. kwitnąć - blossom
6. łamać - break
7. łatwy - simple
8. nad- over
9. należy (do) - belongs
10. napisał - wrote
11. nieprawidłowy - incorrect
12. oddzieleni - separated
13. omówić - discuss
14. opinia - opinion
15. płot - fence
16. potrząsa- shakes
17. prawa - laws
18. prawoznawstwo - jurisprudence
19. punkt - point
20. rośnie- grows
21. rozsądek - sense
22. rozwiązanie - solution
23. sąd - court
24. sędzia - judge
25. skutkować - resolve
26. spór - dispute
27. stanowczy - strict
28. starszy - elderly
29. studiuje - studying
30. szczegół - detail
31. tulipany - tulips
32. udowodnić - prove
33. ulubiony - favorite
34. ustawa, litera (prawa) - articles

35. wiosna - spring
36. wisi - hang
37. zainteresowany - interested
38. zdrowy rozsądek - common sense
39. zdziwienie - astonishment
40. zeszyty - notebooks

 B

Tulipany i jabłka

Robert lubi studia. A jednym z jego ulubionych przedmiotów jest prawoznawstwo. Nauczyciel od prawoznawstwa jest starszym profesorem. On jest bardzo surowy i często daje studentom trudne zadania.
Pewnego dnia profesor postanawia dać test. Daje ciekawe zadanie o dwóch sąsiadach. Sąsiedzi mieszkają bardzo blisko siebie. Są oni oddzieleni tylko płotem. Po jednej stronie płotu rośnie jabłoń. Po drugiej stronie ogrodzenia jest kwietnik z tulipanów. Kwietnik należy do drugiego sąsiada. Ale jabłoń jest bardzo duża. Jego gałęzie wiszą nad płot do ogrodu drugiego sąsiada. Jabłka spadają z niej w prawo na kwietnik i łamią kwiaty. Profesor pyta uczniów, jak sędzia w sądzie rozwiązał by ten spór.
Niektórzy studenci uważają, że właściciel tulipanów ma rację. Inni mówią, że właściciel jabłoni ma rację. Przywołują różne prawa, które dowodzą, że mają rację. Uczniowie entuzjastycznie omawiają zadanie między sobą. Ale w tym momencie profesor prosi ich, aby zakończyć ten spór.
"Każdy z was ma swoje własne zdanie," mówi profesor "Teraz otwórzcie proszę zeszyt ćwiczeń i napiszcie szczegółowo rozwiązanie do zadania."
W klasie robi się cicho. Każdy pisze swoje odpowiedzi w zeszytach. Robert pisze, że właściciel tulipanów ma rację i wyjaśnia swoją opinię w szczegółach.
Lekcja kończy się za godzinę i profesor gromadzi prace uczniów. Kładzie testy razem

Tulips and Apples

Robert likes studying. And one of his favorite subjects is jurisprudence. The teacher of jurisprudence is an elderly professor. He is very strict and often gives difficult tasks to the students.
One day the professor decides to give a test. He gives an interesting assignment about two neighbors. The neighbors live very close from one another. They are separated only by a fence. On one side of the fence grows an apple tree. There is a flowerbed with tulips on the other side of the fence. The flowerbed belongs to the other neighbor. But the apple tree is very big. Its branches hang over the fence into the garden of the other neighbor. The apples fall from it right on the flowerbed and break flowers. The professor asks students how a judge in a court would resolve this dispute.
Some students believe that the owner of the tulips is right. Others say that the owner of the apple tree is right. They recall different laws that prove that they are right. The students discuss the assignment with each other enthusiastically. But at this point the professor asks them to stop the dispute.
"Each of you have your own opinion," the professor says, "Now open your notebooks for tests and write in detail your solution to the assignment, please."
It gets quiet in the classroom. Everybody is writing their answers in the notebooks.
Robert is writing that the owner of the tulips is right and explains his opinion in detail.
The lesson comes to the end in an hour and

w swojej teczce i ma zamiar wyjść. Ale studenci proszą go, aby zatrzymał się na chwilę. Są ciekawi, jakie rozwiązanie zadania jest właściwe.
"Panie profesorze, jaka jest prawidłowa odpowiedź?" pyta Robert " Wszyscy chcemy to wiedzieć!"
Profesor śmieje się chytrze.
"Widzisz," profesor odpowiada "To bardzo proste. Tulipany kwitną na wiosnę. A jabłka spadają tylko jesienią. Dlatego jabłka nie mogą spadać na tulipany. Ta sytuacja nie może się zdarzyć."
Uczniowie ze zdumieniem rozumieją, że on ma rację. A to oznacza, że ich odpowiedzi są błędne i oni dostać niskie oceny za test.
"Ale panie profesorze, przecież pisaliśmy bardzo dobrze na teście," jeden z uczniów powiedział: "Znamy prawo całkiem dobrze. Nie możesz dać nam niskiej oceny tylko z powodu tulipanów".
Ale profesor kręci głową.
"Nie wystarczy znać prawa," wyjaśnia, "Należy najpierw włączyć zdrowy rozsądek, a dopiero potem myśleć o literach prawa!"

the professor gathers the students' works. He puts the tests together in his case and is about to leave. But the students ask him to stay for a short while. They are interested to know what solution to the assignment is the right one.
"Mr. Professor, what is the right answer?" Robert asks, "We all want to know it!"
The professor laughs slyly.
"You see," the professor replies, "It's very simple. Tulips blossom in the spring. And apples fall down only in the autumn. That's why the apples can't fall down on the tulips. This situation can't happen."
The students understand that he is right with astonishment. And it means that their answers are incorrect and they'll get low marks for the tests.
"But Mr. Professor, after all, we wrote very good tests," one of the students says, "We know the laws quite well. You cannot give us low marks only because of tulips."
But the professor shakes his head.
"It isn't enough to know the laws," he explains, "You should turn on your common sense first and only then think of the articles of laws!"

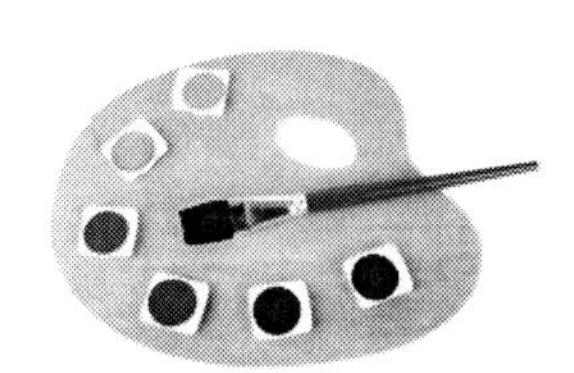

19

Tort
Cake

A

Słówka
Words

1. brat - brother
2. córka - daughter
3. czterdzieści - forty
4. drewno - wood
5. drobny druk - fine print
6. druk - print
7. dumny - proud
8. dym - smoke
9. eksplozja - explosion
10. gotowanie - cooking
11. gra- game
12. klej - glue
13. komputer - computer
14. krem - cream
15. kulinarny - culinary
16. lodówka - fridge
17. może - perhaps
18. najniższej - lowermost
19. napis - inscription
20. nasmarować - grease
21. niebezpieczny - dangerous
22. ojciec - father
23. omlet - omelette
24. ośmioletnia - eight-year-old
25. paczka - package
26. pełny - full
27. piec - bake
28. piecze - baking
29. poplamiony - splattered
30. porcelana - porcelain

31. praca - work
32. prawdziwy - real
33. przedmioty - objects
34. przepis - recipe
35. przykleja - gluing
36. radzi sobie - manages
37. rodzice - parents
38. rozważa - considers
39. siostra - sis
40. skóra - leather
41. słowo - word
42. szafki - cabinets
43. szuflada - drawer
44. talent - talent
45. tatuś - daddy
46. tort, ciasto - cake
47. tuba - tube
48. urodziny - birthday
49. według - according
50. zapach - smell
51. zmieszana- confused
52. zupa - soup

B

Tort

Ośmioletnia Nancy bardzo lubi gotować. Potrafi gotować pyszne zupy i omlet. Linda pomaga czasami swojej córce, ale Nancy radzi sobie sama całkiem dobrze. Wszyscy mówią, że dziewczyna ma kulinarny talent. Nancy jest bardzo dumna. Ona uważa się za prawdziwego kucharza. Pewnego dnia postanawia przygotować prezent dla jej ojca Christiana w dniu jego urodzin. Chce upiec dla niego pyszny tort. Nancy znajduje odpowiedni przepis na ciasto. Rodzice idą do pracy, a Nancy zostaje w domu z bratem. Ale David nie opiekuje się nią. On gra w grę komputerową w swoim pokoju._ Nancy rozpoczyna przygotowanie tortu. Podąża dokładnie za przepisem i wydaje się, że może zrobić wszystko. Gdy nagle czyta w przepisie: "Nasmaruj ciasto kulinarnym klejem." Nancy jest zmieszana. Jest dużo jedzenia w lodówce, ale nie ma kleju. Zaczyna szukać w szafkach kuchennych, gdy nagle w najniższej szufladzie znajduje tubę z napisem "Klej". Jednak nie ma słowa "kulinarny" na opakowaniu. Ale Nancy postanawia, że nie jest to tak ważne. W końcu najważniejsze, że jest to klej. Chociaż to klej do przyklejania przedmiotów wykonanych z

Cake

Eight-year-old Nancy likes cooking very much. She can cook a delicious soup and an omelette. Linda helps her daughter sometimes, but Nancy manages on her own quite well. Everybody says that the girl has a talent for culinary. Nancy is very proud of it. She considers herself a real cook. So one day she decides to prepare a present for her father Christian on his birthday. She wants to bake a delicious cake for him. Nancy finds a suitable cake recipe. The parents go to work, and Nancy stays at home with her brother. But David is not looking after her. He is playing a computer game in his room. Nancy starts preparing the cake. She follows the recipe strictly and it seems that she can do everything. When suddenly she reads in the recipe: "Grease the dough with culinary glue." Nancy gets confused. There is a lot of food in the fridge but there is no glue. She starts looking in the kitchen cabinets when suddenly in the lowermost drawer she finds a tube with the inscription 'Glue'. There isn't the word 'culinary' on the package though. But Nancy decides it is not so important. After all, the main thing it is the glue. Though, this glue is for gluing objects made

drewna, skóry i porcelany. Ale Nancy nie przeczytała drobnego druku. Smaruje ciasto klejem według receptury. Potem wkłada ciasto do piekarnika i wychodzi z kuchni. Ciasto należy piec przez czterdzieści minut. Dwadzieścia minut później rodzice wracają do domu.
"Co to za zachwycający zapach z kuchni?" Christian pyta.
Nancy ma zamiar mu odpowiedzieć, ale nagle słychać w kuchni wybuch! Zaskoczony Christian otwiera drzwi do kuchni i widzi, że cała kuchnia jest pełna dymu, drzwi piekarnika są poplamione ciastem i jest tam okropny zapach. Christian i Linda patrzą ze zdziwieniem na córkę.
"Cóż, miałam zamiar upiec smaczny tort z kremem dla tatusia..." Nancy mówi cicho.
"Co ty tam dodałaś?" pyta brat "Nie martw się, siostro! Jeśli ciasto jest tak niebezpieczne, to może lepiej, że nie zakończyłaś pieczenia."

of wood, leather and porcelain. But Nancy hasn't read this fine print. She greases the dough with glue according to the recipe. Then she puts the dough into the oven and leaves the kitchen. The cake should bake for forty minutes.
Twenty minutes later, the parents come back home.
"What is this delicious smell from the kitchen?" Christian asks.
Nancy is about to answer him, but suddenly an explosion is heard in the kitchen! Surprised, Christian opens the door to the kitchen and they see that the whole kitchen is full of smoke, the oven door is splattered with dough and there is an awful smell. Christian and Linda look in surprise at the daughter.
"Well, I was going to bake a cake with tasty cream for the daddy..." Nancy says quietly.
"What did you put there?" the brother asks, "Don't worry, sis! If your cake is so dangerous, then it is perhaps better that it hasn't finished baking."

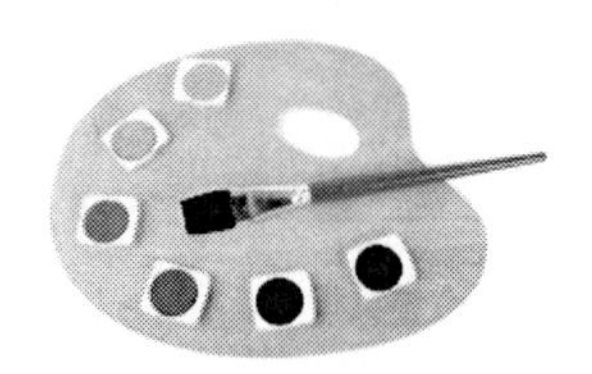

20

Egzotyczny Obiad

Exotic Dinner

A

Słówka

Words

1. alternatywa - alternative
2. azjatycki - Asian
3. barbarzyński - barbarian
4. biedny - poor
5. blada - pale
6. blisko - nearby
7. centymetry - centimeters
8. delikatesy - delicacy
9. długość - length
10. dolary - dollars
11. drogi- expensive
12. dźga - stabs
13. egzotyczny - exotic
14. ekstrementy - excrements
15. gąśiennica - caterpillar
16. jeść - eating
17. język - language
18. kelner - waiter
19. kosztuje - cost
20. kraj - country
21. krojone - cut
22. krzyczy - shouting
23. który, które, które - which
24. kuchnia - cuisine
25. mdleje - faints
26. menu - menu
27. najlepszy - best
28. napięcie - strain
29. nic - nothing
30. nie zrobił - didn't
31. niecywilizowany- uncivilized
32. niedawno - recently
33. niewiarygodnie - incredibly
34. niezwykły - unusual
35. ogromny - huge
36. ożywić - revive
37. pełza - crawling
38. pietnaście - fifteen
39. pokrywa - lid
40. północ - north
41. próbować - try
42. rachunek - bill

43. restauracja - restaurant
44. rosnąć - grow
45. rozmiar - size
46. rzadki - rare
47. silny - strong
48. smak - taste
49. spodziewać - expect
50. spojrzenia - glances
51. sto - hundred
52. suma - sum
53. szaman - shaman
54. szef - chef
55. talerz - plate
56. tłumaczenie - translation
57. tłusta - fat
58. tradycje - traditions
59. w końcu - at last
60. w międzyczasie - meanwhile
61. widelec - fork
62. wieś - village
63. wstąpić - drop by
64. wsuwa - flip
65. wybiera- chooses
66. wydawać - spending
67. wymieniają - exchange
68. zażenowanie - embarrassment
69. zwyczaje - customs
70. żywy - alive

B

Egzotyczny obiad

Robert i Elena mają urlop w kraju azjatyckim. Bardzo lubią podróże. Robert jest zainteresowany niezwykłą tradycją i zwyczajami. I oczywiście lubią dowiadywać się o kuchni różnych krajów. Więc tym razem decydują się wpaść do najlepszej i najbardziej znanej lokalnej restauracji. Jest to dość droga restauracja, ale chcą spróbować najbardziej pysznych i ciekawych dań, i nie mają nic przeciwko wydawaniu na nie pieniędzy. Przeglądać przez długi czas menu. Nie ma angielskiego tłumaczenia menu. Ale oni w ogóle nie znają miejscowego języka, więc nic nie rozumieją. Robert wybiera jedną z najdroższych potraw - kosztuje dwieście dwadzieścia dolarów.
Kucharz przynosi im to drogie danie. Zdejmuje pokrywę i widzą dużo krojonych warzyw i liści na talerzu. Ogromna, tłusta gąsienica, o około piętnastu centymetrów długości, jest w środku. Gąsienica jest nie tylko ogromna, ale jest żywa! Elena i Robert patrzą na nią z zakłopotaniem. Tymczasem gąsienica zaczyna powoli pełzać i jeść liście

Exotic Dinner

Robert and Elena take a vacation in an Asian country. They like traveling very much. Robert is interested in unusual traditions and customs. And of course they like to learn about the cuisines of different countries. So this time they decide to drop by at the best and most famous local restaurant. It is a quite expensive restaurant but they want to taste the most delicious and interesting dishes, and they don't mind spending money on them. They flip through the menu for a long time. There is no English translation in the menu. But they don't know the local language at all, so they can understand nothing. Robert chooses one of the most expensive dishes - it costs two hundred and twenty dollars.
The chef brings this expensive dish to them himself. He takes off the lid and they see a lot of cut vegetables and leaves on the plate. A huge fat caterpillar, about fifteen centimeters in length, is in the middle. The caterpillar is not only huge, but it is also alive! Elena and Robert look at it in embarrassment.

wokół siebie na talerzu. Oczywiście, Elena i Robert w ogóle nie spodziewali się czegoś takiego! Kucharz i kelner też patrzą na gąsienicę i nie odchodzą. Następuje chwila napięcia. Następnie Robert bierze widelec i dźga gąsienicę. Postanawia ją w końcu zjeść. Szef kuchni to widzi i mdleje! A kelner zaczyna krzyczeć głośno w języku, którego nie rozumieją. Robert nic nie rozumie. W tym momencie inny gość w restauracji podchodzi do nich z pobliskiego stołu. Wyjaśnia Robertowi w słabym języku angielskim, że oni nie jedzą gąsiennic. Są bardzo drogie, a to trwa dłużej niż pięć lat, by urosły do tej wielkości. Odchody gąsiennicy, które znajdują się na daniu, gdy zjada liście, są uważane za drogi przysmak. Te odchody z gąsienicy kosztują dwieście dwadzieścia dolarów. Elena i Robert wymieniają ciche spojrzenia.
"To jest strasznie dzikie!" mówi Robert.
"Och, nie jest. Oni teraz myślą, że jesteś barbarzyńcą!" mówi inny gość i uśmiecha się "Bo ty nie rozumiesz tej drogiej kuchni! Ponadto zabiłeś taką rzadką gąsienicę, jak prawdziwy barbarzyńcy!"
W tym momencie blady kelner przychodzi i przynosi rachunek za zabitą gąsienicę. Robert patrzy na sumę na rachunku i także blednie.
"Wiesz," mówi Robert "W ostatnim czasie byliśmy w bardzo małej miejscowości w północnej części kraju. Jest tam jeden doskonały, bardzo silny szaman. Może zgodzi się spróbować ją ożywić?.. Myślę, że to dobra alternatywa.."

Meanwhile, the caterpillar starts slowly crawling and eating the leaves around itself on the plate. Of course, Elena and Robert didn't expect something like this at all! The chef and the waiter look at the caterpillar, too, and don't go away. A moment of strain follows. Then Robert takes a fork and stabs the caterpillar. He decides to eat it at last. The chef sees it and faints! And the waiter starts shouting loudly in a language they don't understand. Robert understands nothing. At this point another guest of the restaurant approaches them from a nearby table. He explains to Robert in poor English that they do not eat this caterpillar. It's incredibly expensive and it takes more than five years to grow to this size. The excrements of this caterpillar, which appear on the dish when it eats leaves, are considered an expensive delicacy. These excrements of the caterpillar cost two hundred and twenty dollars. Elena and Robert exchange silent glances.
"That's terribly uncivilized!" Robert says.
"Oh, it's not. They now think that you are the barbarian!" another guest says and smiles, "Because you do not understand this expensive cuisine! Moreover you killed such a rare caterpillar, like a real barbarian!"
At this point a pale waiter comes and brings a bill for the killed caterpillar. Robert looks at the sum in the bill and also turns pale.
"You know," Robert says, "We have been in a very small village in the north of your country recently. There is one excellent, very strong shaman there. Maybe he will agree to try to revive it?.. I think, it's a good alternative.."

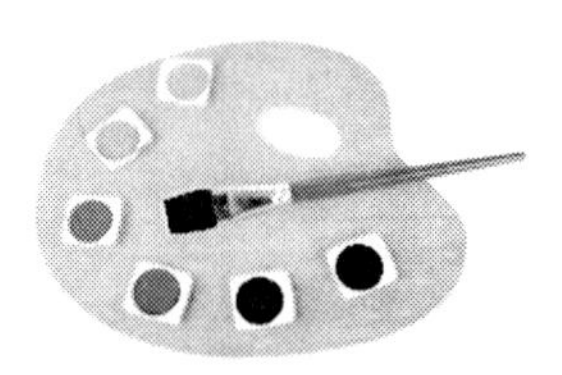

21

Wielka Sztuka

High Art

A

Słówka

Words

1. albo ... albo - either ... or
2. artysta - artist
3. brudny - dirty
4. brzmi - sounds
5. bukiet - bucket
6. buty - shoes
7. cukierek - candy
8. dusza - soul
9. głęboko - deep
10. góra - mountain
11. intelekt - intellect
12. kontrast- contrast
13. krajobraz - landscape
14. kruchość - frailness
15. lustro - mirror
16. metal - metal
17. miliony - millions
18. mop - mop
19. musieć - must
20. muzeum - museum
21. na pewno- definitely
22. najmądrzejszy - wisest
23. niezrozumiały - incomprehensible
24. obraz - picture
25. oczywiste - obvious
26. odgaduje - figures
27. piękno - beauty
28. plastik - plastic
29. podobnyh - similar
30. pokazany - shown
31. poważny - serious
32. przekonujący - convincing
33. rozważnie - thoughtfully
34. rzeźba - sculpture

35. symbol - symbol
36. sztuka - art
37. śmieci - garbage
38. twarz - face
39. ubrania - clothes
40. uniform - uniform
41. watowanie - wadding
42. wewnętrzny - inner
43. wieczność - eternity
44. wiedza - knowledge
45. wnętrze - inside
46. wstecz - outward
47. wygląd - appearance
48. wymyśla - invents
49. wyrzucić - throw out
50. wysoki - tall
51. wzdycha - sighs
52. zapomniał - forgotten
53. zmieszanie - confusion
54. znaczenie - meaning
55. zrobić wrażenie - impress
56. zwykły - ordinary

B

Wielka sztuka

Pewnego dnia Robert zaprasza Elenę do Muzeum Sztuki Nowoczesnej. Otwiera się tam nową wystawaę. Elena bardzo lubi sztukę. Ona zgadza się pójść do muzeum, ale mówi, że w ogóle nie rozumie sztuki współczesnej. Ona uważa, że to zbyt dziwne. Na wystawie widzą wiele ciekawych rzeczy. Elena zatrzymuje się w pobliżu obrazu wykonanego z plastikowych widelców. Patrzy na zdjęcie uważnie. To wygląda jak krajobraz górski.

"Nie, to nie moja działka," Elena mówi: "Nowocześni artyści są zbyt niezrozumiali. Zwłaszcza, gdy robią swoje zdjęcia z takich dziwnych rzeczy. Spójrz na to zdjęcie tutaj. Czy jest piękne?" pyta Elena. Nie podoba jej się to zdjęcie. Robert też nie rozumie tej sztuki. Ale lubi Elenę. I naprawdę chce jej zaimponować i zaskoczyć ją swoją wiedzą. Robert robi poważną minę.

"Widzisz," Robert mówi: "Zewnętrzny wygląd tego obrazu nie jest taki piękny. Ale trzeba zobaczyć jego wewnętrzne piękno."

"Co?" Elena pyta ze zdziwieniem.

"Jego wewnętrzne piękno," powtarza Robert "Jakieś góry są na tym zdjęciu. W końcu góry stoją miliony lat. Są one symbolem

High Art

One day Robert invites Elena to the Museum of modern art. A new exhibition opens there. Elena likes art very much. She agrees to go to the museum, but she says that she does not understand modern art at all. She considers it too strange. At the exhibition they see a lot of interesting things. Elena stops near a picture, made of plastic forks. She stares at the picture attentively. It looks like a mountain landscape.

"No, it's not my cup of tea," Elena says, "Modern artists are too incomprehensible. Especially when they make their pictures out of such strange things. Look at this picture here. Is it beautiful?" Elena asks. She doesn't like the picture. Robert doesn't understand this art either. But he likes Elena. And he really wants to impress and surprise her with his knowledge. Robert makes a serious face.

"You see," Robert says, "The outward appearance of this picture isn't so beautiful. But you have to see its inner beauty."

"What?" Elena asks in surprise.

"Its inner beauty," Robert repeats, "Some mountains are shown in this picture. After all, mountains stand for millions of years. They are a symbol of eternity," Robert explains,

wieczności," Robert wyjaśnia: "Ale oni szybko wyrzucają plastikowe widelec. To jest symbol kruchości. Jest to bardzo głębokie znaczenie przeciwieństwa."
Robert wymyśla to wszystko w biegu. Wydaje mu się, że to brzmi przekonująco. Elena patrzy na Roberta w zakłopotaniu. Potem patrzy na zdjęcie i wzdycha.
"Przejdźmy dalej," Elena proponuje.
Idą dalej i widzą wiele innych dziwnych rzeczy. W jednym pokoju widzą ogromny cukierek z metalu tak wysoki jak sufit i rzeźby ze starych butów. W innym pokoju są postacie ludzkie wykonane z ubrań z czerwoną watą wewnątrz.
A Robert mówi Elenie coś inteligentnego o każdej rzeczy.
"Czasami te dzieła sztuki są bardzo podobne do zwykłych śmieci," mówi Elena.
Idą do pokoju obok i widzą tam lustro przed którym jest wiadro pełne brudnej wody.
"Cóż, tego jest za dużo!" Elena mówi: "W tym na pewno nie ma sensu!"
"O nie-e," Robert mówi w zamyśleniu: "Jest w nim bardzo głęboki sens. Jest oczywiste, że ten artysta jest bardzo inteligentnym człowiekiem."
"Jest?" Elena jest zaskoczona.
"Oczywiście," odpowiada Robert "Wiesz, w lustrze można zobaczyć swoją twarz. I można szukać też w tej brudnej wodzie i zobaczyć swoją twarz. Artysta chce powiedzieć, że każda dusza ma swoją ciemną stronę. I musimy patrzeć też na to. To jest bardzo ważne, pomyśl. Myślę, że jest to najlepsze i najmądrzejsze dzieło sztuki na całej wystawie," mówi Robert.
"Jesteś taki mądry!" Elena mówi i bierze go za rękę. Ona podziwia Roberta.
W tym momencie kobieta w uniformie sprzątaczki, z mopem w ręku wchodzi do pokoju. Podchodzi do wiadra i odwraca się do Eleny i Roberta.
"Och, przepraszam. Zapomniałam je zabrać,"

"But they throw out a plastic fork quickly. It is a symbol of frailness. There is a very deep meaning in this contrast."
Robert invents all this on the go. It seems to him that it sounds convincing. Elena looks at Robert in embarrassment. Then she looks at the picture and sighs.
"Let's move on," Elena offers.
They go further and see a lot of other strange things. In one room they see a huge metal candy as tall as the ceiling and a sculpture made of old shoes. In another room there are human figures made out of clothes with red wadding inside. And Robert tells Elena something smart about each thing.
"Sometimes these works of art are very similar to ordinary garbage," Elena says.
They go to the next room and see there a mirror in front of which there is a bucket full of dirty water.
"Well, this is too much!" Elena says, "There is definitely no meaning in it!"
"Oh no-o-o," Robert says thoughtfully, "There is a very deep meaning in it. It is obvious that this artist is a very smart man."
"Is he?" Elena is surprised.
"Sure," Robert replies, "You know, in a mirror you can see your face. And you can look in this dirty water and see your face, too. The artist wants to say that every soul has a dark side. And we must look at it, too. This is a very important thought. I think, it is the best and the wisest work of art at the whole exhibition," Robert says.
"You're so smart!" Elena says and takes him by the hand. She admires Robert.
At this point a woman in a cleaner's uniform with a mop in her hand enters the room. She approaches the bucket and turns to Elena and Robert.
"Oh, I'm sorry. I have forgotten to take it away," the woman says to them. She takes the bucket and carries it out of the room.
"What did you say?" Elena laughs, "The best

kobieta mówi do nich. Bierze wiadro i wynosi je z pokoju.
"Co powiedziałeś?" Elena śmieje się, "Najlepsza praca na wystawie?.."
Robert milczy w zamieszaniu. Ale Elena jest wciąż pod wrażeniem jego intelektu.

work at the exhibition?.."
Robert is silent with confusion. But Elena is still very impressed by his intellect.

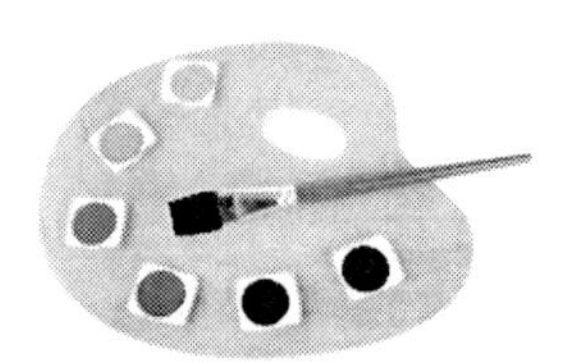

22

Wiosenne Porządki

Spring-Cleaning

A

Słówka

Words

1. akcja charytatywna - charity
2. biuro - office
3. błąd - mistake
4. ciężarowka - trucks
5. czysty - clean
6. dodatkie - bonuses
7. dokumenty - documents
8. dyrektor - director
9. elektronika - electronics
10. formularz - form
11. kiedykolwiek - ever
12. kurz - dust
13. mówi - talk
14. naprawienie - correct
15. niestety - unfortunately
16. odmowa - dismissal
17. odpowiedni - accurate
18. odrzucić - dismiss
19. ogień - fire
20. okres - period
21. okres próbny - probation period
22. papiery, dokumenty - papers
23. przypadkowoh - accidentally
24. schludność - cleanliness
25. sterta - pile
26. wezwany - sent for
27. wiadomości - news
28. wycierać - wipe off
29. zastępca - deputy
30. zwolniony - fired

B

Wiosenne porządki

Robert studiuje na uniwersytecie i pracuje w małej firmie. Firma sprzedaje elektronikę. Robert nie pracował tam na długo. Dyrektor chwali jego pracę. Robert jest szczęśliwy, że wszystko w pracy idzie dobrze. Ale nagle zastępca dyrektora wzywa Roberta. Robert jest bardzo zaniepokojony. On nie wie, dlaczego został wezwany. Zastępca dyrektora daje mu pensję i dokumenty. Robert nic nie rozumie.
"Bardzo mi przykro to powiedzieć, ale jesteś zwolniony," mówi zastępca dyrektora.
"Ale dlaczego?" Robert pyta.
"Niestety, nie przeszedłeś okresu próbnego," mówi zastępca dyrektora.
"Ale dyrektor chwali moją pracę!" sprzeciwia się Robert.
"Bardzo mi przykro," powtarza zastępca.
Robert bierze swoje dokumenty, rzeczy i opuszcza biuro. Jest bardzo zdenerwowany. W drodze do domu myśli o tym zwolnieniu przez cały czas. Wydaje mu się to bardzo dziwne. Ale Robert nie dociera do domu. Nagle sam dyrektor dzwoni do niego. Prosi Roberta, aby wrócił do biura i mówi, że chce z nim porozmawiać. Robert jest zaskoczony. Ale zgadza się i wraca do biura. Ma nadzieję, że dobra wiadomość czeka na niego. Wchodzi do gabinetu dyrektora i widzi, że dyrektor rozmawia ze sprzątaczką.
"Proszę," mówi do pani sprzątającej, "Nigdy nie wycieraj papierów na moim stole! Nawet nie wycieraj z nich kurzu! Nigdy!"
"Ale były brudne," odpowiada pani sprzątająca, "W końcu chciałam, żeby było lepiej."
Dyrektor wzdycha i kręci głową.
"Robert," mówi dyrektor, "Twój formularz był na moim stole. A nasza sprzątaczka

Spring-Cleaning

Robert studies at a university and works in a small company. The company sells electronics. Robert hasn't worked there for long. The director praises his work. Robert is happy that everything is going well at work. But suddenly the deputy director sends for Robert. Robert is very worried. He doesn't know why he has been sent for. The deputy director gives him his salary and documents. Robert understands nothing.
"I am very sorry to tell you this, but you're fired," the deputy director says.
"But why?" Robert asks.
"Unfortunately, you did not pass the probation period," the deputy director says.
"But the director praises my work!" Robert objects.
"I'm very sorry," the deputy repeats.
Robert takes his documents and things and leaves the office. He is very upset. On his way home he thinks about this dismissal the whole time. It seems to him very strange. But Robert doesn't make it home. Suddenly the director himself calls him. He asks Robert to return to the office and says he wants to talk to him. Robert is surprised. But he agrees and returns to the office. He hopes that good news is waiting for him. He enters the director's office and sees that the director is talking to the cleaning woman.
"Please," he says to the cleaning woman, "Do not ever move the papers on my table! Don't even wipe dust off it! Never!"
"But it was dirty," the cleaning woman replies, "After all, I wanted to make it better."
The director sighs and shakes his head.
"Robert," the director says, "Your form was on my table. And our cleaning woman

przypadkowo przeniósła go z jednego stosu na drugi. _Oznacza to, że formularz został przeniesiony ze stosu dla "premii" na stos "do odwołania", wyjaśnia dyrektor "Bardzo mi przykro, że to się stało. Mam nadzieję, że to się nie powtórzy."
Robertowi bardzo miło to słyszeć. Nie może uwierzyć w swoje szczęście.
"Więc nie zamierzasz mnie zwolnić?" Robert pyta. Dyrektor uśmiecha się do Roberta.
"Nie, nie zamierzamy cię zwolnić. Nie martw się," mówi dyrektor, "Jesteśmy zadowoleni, że mamy takiego dokładnego i ostrożnego pracownika."
"Dziękuję," mówi Robert: "To jest bardzo dobra wiadomość."
"Ten błąd z twoją pracą jest łatwy do naprawienia," mówi dyrektor, "Ale dokumenty trzech ciężarówek z elektroniką zostały przeniesione ze stosu "Sprzedać" na stos "Akcje charytatywne". Schludność to kosztowna sprawa," mówi dyrektor i patrzy smutno na jego czysty stół.

accidentally moved it from one pile to another. That is, your form was moved from the pile for 'Bonuses' to the pile 'To Dismiss'," the director explains, "I'm very sorry that it happened. I hope it will not happen again."
Robert is very glad to hear it. He can't believe his luck.
"So you aren't going to fire me?" Robert asks. The director smiles at Robert.
"No, we aren't going to fire you. Don't worry," the director says, "We are glad to have such an accurate and careful worker."
"Thank you," Robert says, "This is really good news."
"This mistake with your dismissal is easy to correct," the director says, "But the documents of three trucks with electronics were moved from the pile 'Sell' to the pile 'Charity'. Cleanliness is an expensive thing," the director says and looks sadly at his clean table.

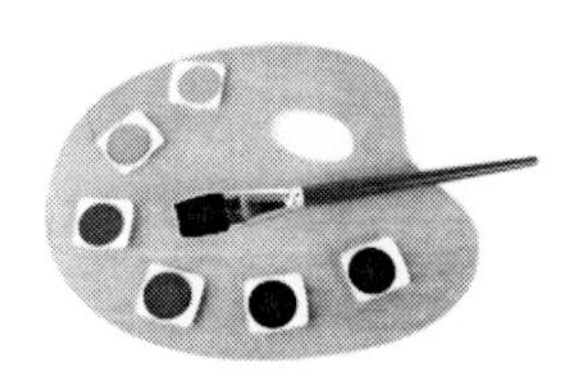

23

Beżowa Teksówka

Beige Taxi

A

Słówka
Words

1. adres - address
2. bada - examining
3. bagaż - baggage
4. beżowy - beige
5. biały - white
6. całe - entire
7. cierpliwie - patiently
8. ciężki - heavy
9. dużo - loads
10. dyspozytorzy - dispatchers
11. fakt - fact
12. grzecznie - politely
13. ktoś - somebody
14. możę - may
15. nerwowy - nervous
16. niekończący się - endless
17. niemiły - unpleasant
18. niesie - carrying
19. nigdzie - anywhere
20. numer - number
21. obowiązkowy - obligatory
22. odmawia - refuses
23. opel - Opel
24. pociąg - train
25. pokonać - overcome
26. potwierdzony - confirmed
27. powiedział - told
28. prosi - inquires
29. przekazuje - retells
30. radio - radio
31. rezerwacja - booking
32. spokojnie - calmly

33. tak- yes
34. trzecia godzina - three o'clock
35. usługi przewoźników - taxi service
36. współgra - coincides
37. wyraz - expression
38. zastanawia się- wonder
39. złość - anger

B

Beżowa teksówka

Pewnego dnia Robert decyduje się odwiedzić swoich przyjaciół. Żyją w innym mieście i Robert jedzie tam pociągiem. Jego pociąg przybędzie tam o trzeciej rano Robert jest tam po raz pierwszy. Nie ma numeru telefonu usług przewoźników w tym mieście.
Zatem dzwoni do swych przyjaciół i prosi ich, aby wezwali dla niego taksówkę na dworzec. Przyjaciele robią jak prosi. Mówią, że za dziesięć minut biały "opel" przyjedzie po niego. Robert czeka i naprawdę biały "opel" jest za dziesięć minut. Taksówkarz kładzie bagaż Roberta do samochodu i pyta, gdzie jechać. Robert wyjaśnia, że nie ma adresu. Jego przyjaciele, którzy wezwali taksówkę, powinni dać adres taksówkarzowi.
"Moje radio źle tutaj działa. Więc nie mogę uzyskać adresu," mówi taksówkarz "Dowiedz się od znajomych jaki to adres, proszę. I obowiązkowo poproś o numer telefonu usług przewoźników, na które dzwonili," wymaga kierowca taksówki.
"Dlaczego?" Robert pyta.
"Widzisz, pracuję tylko na rezerwacji," odpowiada taksówkarz "Twoi przyjaciele mogli wezwać inną taksówkę. _Oznacza to, że inny klient czeka na mnie, a ja nie mogę zabrać cię za niego."
Robert znowu dzwoni do swoich przyjaciół i budzi ich ponownie ze swoim wezwaniem. Cierpliwie podają adres i numer telefonu, z usług przewoźników. Robert powtarza to wszystko taksówkarzowi.
"Och! To jest numer telefonu z innej

Beige Taxi

One day Robert decides to go visit his friends. They live in another city and Robert takes a train there. His train arrives there at three o'clock a.m. Robert is there for the first time. He doesn't have a phone number for the taxi services in this city. So he calls his friends and asks them to call a taxi for him to the station. The friends do as he asks. They say that in ten minutes a white 'Opel' will come for him. Robert waits, and really a white 'Opel' comes after ten minutes. The taxi driver puts Robert's baggage in the car and asks where to go. Robert explains that he doesn't know the address. His friends, who called the taxi, should have given the address to the taxi driver.
"My radio works badly here. So I can't get the address," the taxi driver says, "Find out the address from your friends, please. And it is obligatory to ask them for the telephone number of the taxi service they called," the taxi driver demands.
"Why?" Robert inquires.
"You see, I work only on booking," the taxi driver replies, "Your friends may have called another taxi service. Then it means that another client is waiting for me and I can't take you instead of him."
Robert calls his friends again and wakes them up with his call again. They patiently name the address and the phone number of the taxi service. Robert retells all this to the taxi driver.
"Oh! This is the phone number of another

taksówki. To nie jest numer telefonu do mojej taksówki. W takim razie ktoś inny zadzwonił do mnie,"
taksówkarz mówi i bierze bagaż Roberta z samochodu. Robert jest zdezorientowany.
"Twoja taksówka może mieć kilka różnych numerów," Robert zakłada "Powiedziano mi, że biały 'opel' przyjedzie do mnie w ciągu dziesięciu minut. I przyjechałeś dokładnie w dziesięć minut. Przecież masz białego "opla", a nie ma tutaj żadnych innych taksówek.
"Nie," taksówkarz mówi: "Teraz to jasne, że inna taksówka przyjadzie po Ciebie. Faktem jest, że mój "opel" nie jest biały, ale beżowy. I musisz czekać na biały."
Robert patrzy na jego samochód. To może być beżowy. Ale o trzeciej w nocy, w ciemności, nie jest łatwo to zobaczyć.
Taksówkarz odjeżdża na bok, zatrzymuje się i czeka na swojego klienta.
A Robert wciąż stoi sam w pobliżu budynku dworca. Jest zimno, a on naprawdę chce spać. Mija kolejne dziesięć minut, a biały "opel" nie przyjeżdża. Przyjaciele martwią się i dzwonią do Roberta. Zastanawiają się, dlaczego nie ma go jeszcze w ich domu. Wyjaśnia im, co się stało.
W ciągu kilku minut dzwonią ponownie i mówią, że samochód jest już na miejscu. Usługi przewozowe właśnie to potwierdziły. Robert chodzi wokół wszystkich na terenie dworca, ale nie znajduje swojej taksówki. Czas mija, a to już 03:30. Przyjaciele Roberta chcą iść spać. Zaczynają się denerwować. Oni nie rozumieją, dlaczego Robert nie może znaleźć swojej taksówki. Dzwonią do Roberta ponownie i mówią mu numer samochodu. Wydaje się Robertowi, że ogląda nieskończący się i nieprzyjemny sen. Idzie wokół całej stacji, niosąc za sobą ciężki bagaż, sprawdzając liczby samochodów. Ale nie nigdzie ma samochodu z tym numerem. Kiedy nagle po chodzeniu od dłuższego czasu dowiaduje się, że numer odpowiada

taxi service. This is not the phone number for my taxi service. Then somebody else called me," the taxi driver says and takes Robert's baggage out of the car. Robert is confused.
"Your taxi service may have several different numbers," Robert supposes, "I was told that a white 'Opel' would come for me in ten minutes. And you came exactly in ten minutes. After all, you have a white 'Opel', and there aren't any other taxis here.
"No," the taxi driver says, "It is now clear that another taxi will come for you. The fact is that my 'Opel' isn't white, but beige. And you have to wait for the white one."
Robert looks at his car. It may be beige. But at three o'clock at night, in the dark, it is not easy to see. The taxi driver drives off to the side, stops and waits for his client. And Robert stands alone again near the building of the station. He is cold and he really wants to sleep. Ten minutes more pass, but the white 'Opel' doesn't come. The friends worry and call Robert. They wonder why he is not at their house yet. He explains to them what happened.
In a few minutes they call again and say that the car is already at the place. The taxi service has just confirmed it. Robert goes around all the area of the station, but doesn't find his taxi. Time passes, and it's already half past three. Robert's friends want to go to sleep. They begin to get nervous. They don't understand why Robert can't find his taxi. They call Robert again and tell him the number of the car. It seems to Robert that he is watching an endless and unpleasant dream. He goes around the entire station, carrying the heavy baggage behind him, and examining the numbers of the cars. But there isn't a car with this number anywhere. When suddenly after walking for a long time he finds out that the number coincides with the car number of that taxi driver of beige 'Opel'.

numerowi samochodu taksówkarza tego beżowego "Opla".
Robert jest bardzo zły. Wraca do taksówkarza i wyjaśnia mu wszystko to. Stara się mówić spokojnie i grzecznie.
"Hmm, tylko pomyś o tym," taksówkarz mówi i ponownie ładuje bagaż Roberta do samochodu. Robert robi wszystko, aby pokonać gniew. Przecież on już chodził wokół stacji z ciężką walizką przez godzinę i nie dał spać znajomym!
I tylko dlatego, że ta osoba odmawia rozważenia, że jego samochód jest biały! A do tego wszystkiego on odpowiada "Hmm"!
"I co z tego, że samochód nie jest biały, ale beżowy?" pyta Robert.
"Tak, mnie też to boli, że dyspozytorzy go mylą," odpowiada taksówkarz ze spokojnym wyrazem twarzy: "Zatem potwierdził pan adres?"
Oczywiście Robert nie pamięta już adresu. Rozumie, że musi zadzwonić do swoich przyjaciół ponownie. I wydaje mu się, że nie są już zadowoleni z jego przyjazdu.

Robert is very angry. He comes back to the taxi driver and explains to him all this. He tries his best to speak calmly and politely.
"Hum, just think of it," the taxi driver says and loads Robert's baggage into the car again. Robert does his best to overcome anger. After all, he has already walked around the station with heavy suitcase for an hour and didn't let his friends sleep! And just because this person refuses to consider his car white! And to all this he replies "Hum"!
"And how about the fact that your car isn't white, but beige?" Robert asks.
"Yes, it hurts me too, that dispatchers mix it up," the taxi driver answers with a calm expression on his face, "Well, have you confirmed the address?"
Of course Robert doesn't remember the address anymore. He understands that he must call his friends again. And it seems to him, that they aren't glad about his arrival anymore.

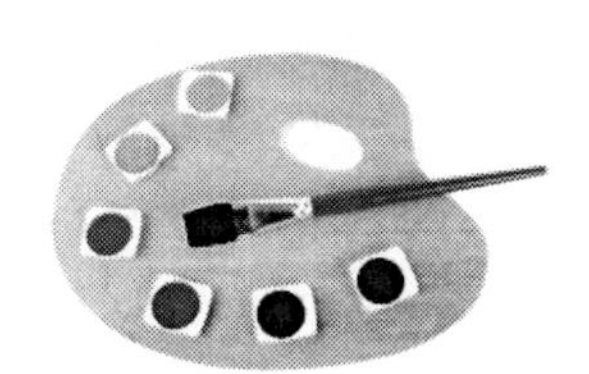

24

Choinka

Christmas Tree

A

Słówka

Words

1. chłopcy - boys
2. czas wolny - spare time
3. dekoracje - decorations
4. dobrze, ok - okay
5. fajerwerki - fireworks
6. firma kurierska- delivery service
7. góra - top
8. kawał - prank
9. krawat - tie
10. kupuje - purchases
11. ładuje - loading
12. maskuje - masks
13. miejsce pracy - workplace
14. (na) piechotę – on foot
15. nożyczki - scissors
16. pa, cześć - bye
17. potem - afterwards
18. rozmowa - conversation
19. siebie - themselves
20. sklep - store
21. stwierdza - concludes
22. ściśle - tightly
23. śmieci - trash
24. święto - festive
25. trudność - difficulty
26. uroczystości - celebration
27. wszyscy - everyone
28. wyjście - exit
29. wysportowany - fit

B

Choinka	*Christmas Tree*
Robert lubi spędzać swój wolny czas czytając książki. David lubi grać w gry komputerowe. On też lubi robić kawały swojej siostrze i swoim przyjaciołom. Robert i David mają wspólne zainteresowania. Lubią uroczystości rodzinne. Boże Narodzenie to ulubione święto Roberta i Dawida. Idą do supermarketu, aby jak co roku kupić choinkę. W tym roku Robert i David również idą razem do supermarketu.	*Robert likes to spend his spare time reading books. David likes playing computer games. He also likes playing pranks on his sister and his friends. Robert and David have common interests too. They like family celebrations. Christmas is Robert's and David's favorite celebration. They go to a supermarket to buy a Christmas tree every year. This year Robert and David go to a supermarket together as well.*
David kupuje prezenty dla swoich bliskich w supermarkecie. Robert kupuje noworoczne dekoracje, fajerwerki, maski i zabawne niespodzianki. Następnie idzie wybrać choinkę. Wybierają piękne, wysokie drzewo. Robert i David podnoszą ją i niosą ją do wyjścia z trudnością. Płacą za zakupy i idą do wyjścia. Chłopcy nie widzą, że usługi kurierskie są w pobliżu. Robert i David sami rozpoczynają ładowanie choinki. Choinka nie mieści się w bagażniku. Decydują przywiązać ją na górnę samochodu. Robert idzie do sklepu i kupuje mocny sznur. Robert i David kładą choinkę na dachu samochodu. Oni po prostu muszą ją mocno przywiązać. W tym momencie w samochodzie dzwoni telefon Roberta. Dzwoni Gabi, jego siostra. Robert dostaje się do samochodu i odbiera telefon.	*David buys Christmas gifts for his relatives in the supermarket. Robert buys ew Year's decorations, fireworks, masks and funny surprises. Afterwards they go to choose a Christmas tree. They choose a fine tall tree. Robert and David pick it up and carry it to the exit with difficulty. They pay for the purchases and go to the exit. The boys don't see that a delivery service is nearby. Robert and David begin loading the Christmas tree themselves. The Christmas tree does not fit in the trunk. So they decide to tie it to the top of the car. Robert goes to the store and buys a strong rope. Robert and David put the Christmas tree on the top of the car. They just need to tie it tightly. At this moment Robert's phone rings in the car. Gabi, his sister, calls him. Robert gets into the car and answers the call.*
"Cześć," mówi.	*"Hello," he says.*
"Cześć, Robert!" mówi Gabi.	*"Hello, Robert!" Gabi says.*
"Witaj, Gabi! Jak się masz?" odpowiada Robert. David zaczyna sam wiązać noworoczne drzewko. Rozmowa Roberta i Gabi trwa około trzech minut.	*"Hello, Gabi! How are you?" Robert replies. David begins tying the New-Year's tree himself. Robert's and Gabi's conversation lasts about three minutes.*
"Robert, już przywiązałem choinkę," mówi David "Muszę pilnie iść do pracy na minutę, więc jedź beze mnie. Przyjdę za jakieś	*"Robert, I have already tied the Christmas tree," David says, "I have to go to work urgently for a minute, so go without me. I'll*

dwadzieścia minut," David stwierdza. Jego miejsce pracy jest w pobliżu supermarketu i chce iść tam na piechotę.
"Dobrze. Czy przyzwiązałeś choinkę mocno?"
pyta Robert.
"Nie martw się. Przywiązałem ją dobrze. Pa," odpowiada David, uśmiecha się chytrze do Roberta i odchodzi.
Robert jedzie do domu Dawida. Po drodze inni kierowcy uśmiechają się niego. Robert też uśmiecha się do nich. Każdy ma dziś świąteczny nastrój! Robert podjeżdża do domu Dawida. Zatrzymuje samochód. Robert próbuje otworzyć drzwi samochodu. _Ale drzwi nie otwierają się. Teraz Robert widzi, że lina przechodzi przez otwarte okna. On nie może wyjść, bo David również związał drzwi. Robert dzwoni do rodziców Davida. Siostra Dawida odbiera połączenie.
"Tak," Nancy odbiera.
"Nancy, tu Robert. Czy możesz wyjść? I przynieść nożyczki, proszę," Robert prosi. Nancy wychodzi na zewnątrz i widzi, że Robert siedzi w samochodzie i nie może się wydostać. _Ona zaczyna się śmiać. Poza tym, widzi kosz w pobliżu samochodu. Robert odcina linę i wysiada z samochodu. Też widzi kosz. Robert uważa, że lina jest przywiązana do kosza. Robert jechał z koszem przez całą drogę! To jest kawał, który David zrobił mu, kiedy Robert rozmawiał z Gabi!
"Teraz rozumiem, dlaczego kierowcy się uśmiechali!" Robert śmieje się. On nie jest zły na Dawida, ale już wie, jaki kawał zrobi jemu.

come in about twenty minutes," David concludes. His workplace is near the supermarket and he wants to go there on foot.
"Okay. Have you tied the Christmas tree tightly?" Robert asks.
"Don't worry. I've tied it well. Bye," David replies, smiles slyly to Robert and leaves.
Robert drives to David's house. On his way other drivers smile at him. Robert also smiles at them. Everyone has a festive mood today! Robert drives up to David's house. He stops the car. Robert tries to open the door of the car. But the door doesn't open. Now Robert sees that the rope goes through the open windows. He can't get out because David also tied the doors. Robert calls David's parents. David's sister answers the call.
"Yes," Nancy answers the call.
"Nancy, this is Robert. Could you go outside? And bring scissors, please," Robert asks. Nancy goes outside and sees that Robert sits in the car and can't get out. She starts laughing. Besides, she sees a trash can near the car. Robert cuts the rope and gets out of the car. He sees the trash can too. Robert sees that the rope is tied to the trash can. Robert was driving with the trash can behind all way! It is a prank that David played on him when Robert was talking to Gabi!
"Now I see why the drivers smiled!" Robert laughs. He isn't angry with David, but he already knows what prank he will play on him.

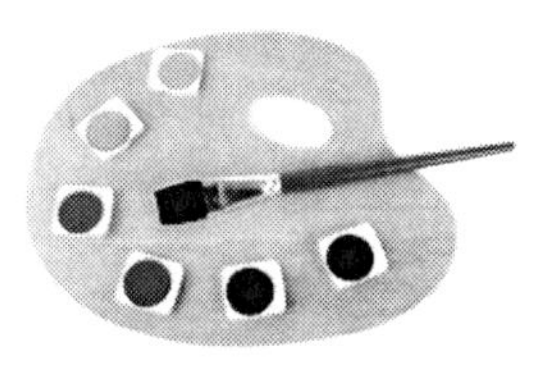

25

Wielki Pożar

Big Fire

A

Słówka

Words

1. cenne - valuable
2. ciesz się - enjoy
3. film - film
4. film - movie
5. film akcji - action film
6. kino - cinema
7. kochanie - darling
8. kran - faucet
9. nieswojo - uneasy
10. pali się - burns
11. papieros - cigarette
12. powódź - flood
13. przebaczyć - forgive
14. rozsiada się - settles down
15. sala kinowa - cinema hall
16. scena - scene
17. spędzać - spend
18. wina - fault
19. wpływ - influence
20. wygodnie - comfortably
21. zakręcić - switch off
22. zapomniałam - forgot
23. zdjęcia - photos
24. żelazko - iron
25. żona - wife

B

Wielki pożar

Rodzice Davida i Nancy zwykle spędzają weekendy w domu. Ale dziś Linda i Christian idą do kina. Christian zamyka drzwi. Nie ma nikogo w domu. David i Nancy poszli odwiedzić Roberta i Gabi.
Linda i Christian wchodzą do sali kinowej i zajmują miejsca. Film zaczyna. To film akcji. Linda i Christian lubią filmy akcji. Nagle Linda mówi: "Kochanie! Wydaje mi się, że zapomniałam zgasić papierosa w domu."
"Po prostu Ci się wydaje. Wszystko jest w porządku. Uspokój się i ciesz się filmem," Christian odpowiada cicho żonie.
"Tak, masz rację, Christian," mówi Linda. Rozsiada się wygodnie w fotelu, uśmiecha się i patrzy na film. Ale nagle w filmie pojawia się scena pożaru. Linda woła: "Christian! A co jeśli zapomniałam wyłączyć żelazka?"
"Linda, film ma na ciebie zły wpływ!" mówi Christian. Linda próbuje się uspokoić. Ale to nie trwa długo. Mówi dalej: "Christian, dlaczego nie możesz zrozumieć? Ogień spala wszystko - dokumenty, pieniądze, zdjęcia, cenne rzeczy! Nie mogę siedzieć tu dłużej!"
Linda wstaje i idzie do wyjścia. Christian biegnie za nią. Biorą taksówkę i jadą do domu. Christian jest bardzo zdenerwowany. Chciał spędzić ten wieczór z żoną oglądając ciekawy film.
"Linda, przykro mi, ale czasami wszystko psujesz! Tak bardzo chciałem obejrzeć z tobą film, a następnie spacerować po mieście nocą, pójść do kawiarni!" mówi Christian. Linda czuje się winna.
"Wybacz mi, Christian! Czuję się bardzo nieswojo," Linda mówi do męża. Christian jest zadowolony, że jego żona przyznaje, że to jej wina. Przyjeżdżają do domu i wysiadają z samochodu.

Big Fire

David and Nancy's parents usually spend their weekends at home. But today Linda and Christian are going to the cinema. Christian locks the door. There is nobody at home. David and Nancy went to visit Robert and Gabi.
Linda and Christian come into the cinema hall and take their sits. The movie begins. It's an action movie. Linda and Christian like action movies. Suddenly Linda says: "Darling! It seems to me that you forgot to put out a cigarette at home."
"It just seems to you. Everything is okay. Calm down and enjoy the film," Christian replies quietly to his wife.
"Yes, you're right, Christian," Linda says. She settles down comfortably in the chair, smiles and watches the film. But suddenly a fire scene appears in the film. Linda cries out: "Christian! What if I forgot to switch off the iron?"
"Linda, the film has a bad influence on you!" Christian says. Linda tries to calm down. But it does not last long. She says again: "Christian, why can't you understand? Fire burns everything - documents, money, photos, valuable things! I can't sit here anymore!" Linda gets up and goes to the exit. Christian runs after her. They take a taxi and go home. Christian is very upset. He wanted to spend this evening with his wife watching an interesting film.
"Linda, I am sorry, but sometimes you spoil everything! I wanted to watch a film with you so much and then walk in the city at night, go to a café!" Christian says. Linda feels guilty.
"Forgive me, Christian! I just feel very uneasy," Linda says to her husband. Christian is pleased that his wife admits her

"Christian!" krzyczy Linda. Patrzą na ich dom. I co widzą? W przedniej części domu znajduje się wóz strażacki i kilka policjantów. Christian i Linda biegną do domu. Nie ma ognia, ale jest powódź! Linda zapomniała zakręcić kranu, gdy wyszła z mężem do kina.

fault. They arrive at their house and get out of the car.
"Christian!" Linda cries. They look at their house. And what they see? In front of the house there is a fire truck and several policemen. Christian and Linda run into the house. There isn't a fire, but a flood! Linda forgot to turn off a faucet, when she went out with her husband to the cinema.

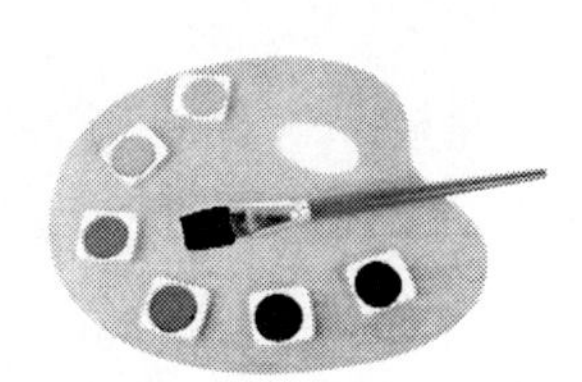

26

Uwaga, Wściekły Pies!

Beware of Angry Dog!

A

Słówka

Words

1. brama - gate
2. buda - doghouse
3. dziwnie - strangely
4. gumowa - rubber
5. jednakże - nevertheless
6. łańcuch - chain
7. medyczny - medical
8. metry - meters
9. nić - thread
10. niezwyczajnie - unusually
11. opaska - tourniquet
12. ostro, mocno - strongly
13. podarł - tore
14. rozbił się - crashed
15. rozciąga się - stretch
16. ruszył - rushed
17. rzucił - threw
18. strach - chill
19. szczeka - bark
20. szczekając - barking
21. temperament - temper
22. tymczasowo - temporary
23. używając - using
24. widział - saw
25. wiedząc - knowing
26. wybiera - dials
27. wytresowany - disciplined
28. znajomy - acquaintance

B

Uwaga, wściekły pies!

Pewnego dnia Robert idzie odwiedzić swojego znajomego. Ma w domu dużego psa. Pies jest zazwyczaj przywiązany do łańcucha koło jego budy. Ogłoszenie na bramie "Uwaga, wściekły pies" jest całkowicie prawdziwe. Znając temperament psa, Robert zatrzymuje się daleko od bramy i wybiera numer telefonu znajomego. Chce, żeby jego znajomy wyszedł i trzymał psa. _Wtedy Robert może szybko przejść w domu.
Pies jednak słyszy Roberta i biegnie z budy szczekać. Mimo, że Robert jest oddzielony od psa płotem, czuje w środku strach - ogromny pies jest przywiązany tylko do cienkiej liny, prawie nici...
Ale tym razem pies zachowuje się dziwnie. Biegnie do Roberta, ale cały czas patrzy na linę. Biegnie do miejsca, gdzie lina rozciąga się trochę, i zatrzymuje się. I dopiero wtedy zaczyna szczekać głośno na Roberta. Jego znajomy wychodzi i trzyma psa. _Robert i jego znajomy idą do domu.
"Dlaczego jest tak niezwykle wytresowany?" Robert pyta: "Przedtem prawie zerwał łańcuch – ostro ruszył do ataku."
"Nie tylko łańcuch," odpowiada znajomy Roberta," Do czego ja nie go przywiązywałem? Próbowałem wszystkiego. Gdy zerwał ostatni mocny łańcuch, nie było już nic więcej, czym mogłem go przywiązać. Miałem tylko medyczną, gumową opaskę uciskową. _Cóż, pomyślałem, że tymczasowo go przywiążę i pójdę do sklepu po nowy łańcuch. Przywiązałem go i właśnie wtedy przyszedł sąsiad. Tak więc jak zawsze, pies ruszył szczekając. Ale tym razem gumowa opaska rozciągnęła się, a następnie odrzuciło psa z powrotem na około trzy metry! Rozbił się o budę. Potem to samo zdarzyło się

Beware of Angry Dog!

One day, Robert goes to visit his acquaintance. He has a big dog at home. The dog is usually tied to a chain near its doghouse. The notice on the gate 'Beware of angry dog' is completely true. Knowing the dog's temper, Robert stops far away from the gate and dials the acquaintance's phone number. He wants his acquaintance to go out and hold his dog. Then Robert can quickly go in the house.
The dog nevertheless hears Robert and runs from the doghouse to bark. Even though Robert is separated from the dog by a fence, he feels a chill inside - the huge dog is tied only to a thin rope, almost a thread...
But the dog behaves strangely this time. It runs to Robert but looks back at the rope all the time. It runs to a place, where the rope stretches a little, and stops. And only then it starts barking loudly at Robert. His acquaintance comes out and holds the dog back. Robert and his acquaintance go into the house.
"Why is it so unusually disciplined?" Robert asks, "Before, it almost tore the chain - it rushed to attack so strongly."
"Not only the chain," Robert's acquaintance replies, "What haven't I tied it with? I tried everything. When it tore the last strong chain, there wasn't anything any more with which to tie it. I only had a medical rubber tourniquet. Well, I thought, I'll tie it temporary till I go to a store for a new chain. I tied it and just then a neighbor came by. So, the dog as always rushed barking. But this time the rubber tourniquet stretched and then threw the dog back by about three meters! It crashed into the doghouse. Then the same happened a few more times. The next day I saw that the dog

jeszcze kilka razy. Następnego dnia zobaczyłem, że pies stał się ostrożny. Uważał cały czas, żeby opaski nie rozciągnęły. Nie miałem czasu, aby pójść po nowy łańcuch. A moja mama niedawno potrzebowała opaski uciskowej. Wziąłem ją i dałem jej. Używałem tej cienkiej liny już od kilku dni. Ale pies stał się ostrożny!"

became careful. It watched all the time that the tourniquet didn't stretch. I didn't have time to go for a new chain. And my mom recently needed the tourniquet. I took it off and gave it to her. I have been using this thin rope for several days already. But the dog became careful!"

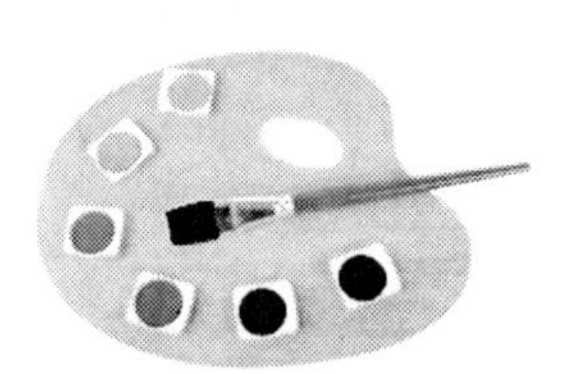

27

Błąd Marsa

Mars's Mistake

A

Słówka

Words

1. czuły - sensible
2. domowy - household
3. dywan - carpet
4. ekran - screen
5. elektryczny - electric
6. fotel - armchair
7. huragan - hurricane
8. kabel - cord
9. Mars - Mars
10. mieć szczęście - be lucky
11. okazuje się - appear
12. opcja - option
13. pazur - paw
14. pchając - pushing
15. plik - file
16. pod - under
17. pokój - peace
18. przebaczy - forgiven
19. rzadko - seldom
20. skarpeta - socket
21. skończył - ended
22. średniowieczny - medieval
23. udaje się - succeeds
24. wpiąć - plug
25. wykonawcy - executioner's
26. z powodzeniem - successfully
27. złapał - caught

B

Błąd Marsa

Pewnego wieczoru David siedzi na kanapie i czyta gazetę. Jego mama siedzi w pobliżu przy komputerze i wykonuje jakąś pracę. Cisza i spokój... A tu kot Mars wpada do pokoju. To prawdziwy domowy huragan! W ciągu zaledwie pięciu sekund przebiega po pokoju trzy razy, wspina się na dywanie, tam skacze bezpośrednio na Dawida, a następnie dostaje się pod kanapę, wychodzi z tamtąd, otrzepuje się i robi sto innych nie bardzo sensownych rzeczy. _Następnie kot siada na środku pokoju i myśli - co jeszcze powinienem zrobić? Zabawa się z kimś z rodziny, nie jest rozwiązaniem. W tym momencie kot zauważa przewod elektryczny komputera. Kot skacze na fotel i zaczyna bawić się elektrycznym przewodem. Zanim David ma czas by coś zrobić, kotu udaje się zakończyć zadanie, które rozpoczął.Wtyczka elektryczna odrywa się nieco od gniazda. I ... komputer się wyłącza! Matka Davida patrzy na czarny ekran i nie zdaje sobie sprawy, co się dzieje. Nagle przypomina sobie, że zapisała plik na komputerze dwie godziny temu. _Wtedy Linda powoli odwraca się do kota i uśmiech średniowiecznego kata zaczyna pojawiać się na jej twarzy. Kot zaczyna czuć, że koniec jego szczęśliwego życia nadchodzi. Ale miauczał tak mało, złapał tak mało myszy, bawił się tak rzadko z sąsiadem, kotem Fedorą. A potem Mars obraca się do wtyczki, która nie jest całkowicie wyciągnięta z gniazdka, a jego łapa zaczyna popychać ją z powrotem. Prawdopodobnie ma nadzieję, że jeśli może to wszystko naprawić, to mu się wybaczy. I to się udaje! Wtyczka weszła na miejsce i komputer się włącza! Mars szybko wychodzi z pokoju i kładzie się przy oknie w kuchni.

Mars's Mistake

One evening, David is sitting on a couch and reading a magazine. His mom is sitting nearby at the computer and doing some work. Peace and quiet... And here the cat Mars rushes into the room. It is a real household hurricane! In just five seconds it runs around the room three times, climbs on a carpet, jumps off there directly on David, then gets under the couch, gets out of there, shakes himself off and does a hundred other not very sensible things. Then the cat sits down in a middle of the room and thinks - what else should it do? Playing with someone from the family is not an option right now. At this point the cat notices a computer electric cord. The cat jumps on an armchair and starts playing with the electric cord. Before David has time to do anything, the cat manages to finish the task it has started. The electric plug goes a little out of the socket. And... the computer turns off! David's mother looks at the black screen and does not realize what's going on. Suddenly she remembers that she saved a file on the computer two hours ago. Then Linda slowly turns to the cat and a medieval executioner's smile starts to appear on her face. The cat begins feeling that the end of its happy life is coming. But it has meowed so little, it has caught so few mice, it has played so seldom with the neighbor cat Fedora. And then Mars turns to the plug that isn't completely out of the socket, and with its paw starts pushing it back into the socket. It probably hopes that if it can fix everything, it will be forgiven. And it succeeds! The plug goes into its place and the computer turns on! Mars quickly leaves the room and lies down by a window in the kitchen. It looks at the street and probably thinks it must be lucky

Wygląda na ulicę i prawdopodobnie myśli, że musi mieć szczęście, że wszystko skończyło się tak pomyślnie.

that everything ended so successfully.

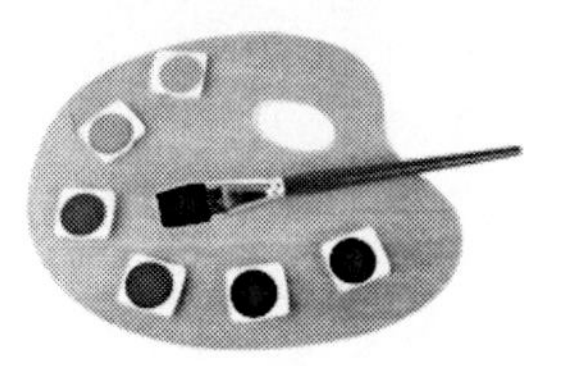

28

Wcinanie się w Kolejkę

Cutting in Line

A

Słówka

Words

1. bezczelność - impudence
2. chleb - bread
3. dumnie - proudly
4. gotówka - cash
5. kasa - cash register
6. stary - chap
7. kiełbasa - sausage
8. kilogram - kilogram
9. kromka - loaf
10. manedżer - manager
11. nadepnął - stepped
12. nadzoruje- supervising
13. oburzony - outraged
14. od - since
15. okoliczności - circumstances
16. organizacja - organization
17. pan - mister
18. pomidor - tomato
19. poprzedni - former
20. powiedział - said
21. próbki - samples
22. przeciwko - against
23. przeprasza - apologize
24. ryzyko - risk
25. ser - cheese
26. sklep spożywczy - convenience store

27. skromny - modest
28. sok - juice
29. sprzedany - sold
30. sprzedawczyni - saleswoman
31. szkolny kolega - schoolmate
32. te - those
33. wcinać (wchodzić) w kolejkę - cutting the line
34. wspiera - supports
35. wyjaśnienie - explanation
36. ze złością - angrily
37. zemsta - revenge
38. zwraca się - addresses

B

Wcinanie się w kolejkę

Pewnego dnia David idzie do sklepu spożywczego, aby kupić kiełbasę i ser. Wiele osób znajduje się w tym sklepie. David zajmuje miejsce w kolejce i rozgląda się. Dawny szkolny kolega Dawida, Michael, wchodzi do sklepu i idzie prosto do kasy, nie zwracając uwagi na kolejkę. Michael był skromnym chłopakiem w szkole. Jeśli ktoś nadepnął na nogę, był tym, który przeprosił. Nie zmienił się od tamtego czasu, a jeśli zdecydował się wskoczyć w kolejkę, to okoliczności na pewno są bardzo poważne. Po kilkukrotnym przeproszeniu kolejki, Michael zwraca się do sprzedawczyni po imieniu: "Julia, proszę, daj mi kilogram kiełbasy, bochenek chleba i karton soku pomidorowego."
Zaskoczony przez chwilę taką bezczelnością, kolejka jest oburzona Michaelem. Michael mówi "przykro mi" lub "przepraszam" w odpowiedzi na każdą frazę powiedzianej do niego. Kiedy przeprasza jeszcze raz i odchodzi z kolejki, ludzie mówią do sprzedawczyni wymagając wyjaśnienia.
"Cześć, Michael!" David mówi do niego z uśmiechem: "Jak się masz, stary?"
"David!" mówi Michael "Witaj, mój drogi! Dawno się nie widzieliśmy! "
Ale ludzie w kolejce się nie uspokoili. Niska, stara kobieta domaga się menedżera.
"Panie manadżerze," sprzedawczyni mówi do

Cutting in Line

One day, David goes into a convenience store to buy some sausage and cheese. There are a lot of people in the store. David takes a place in the Line and looks around. David's former schoolmate, Michael, enters the store and goes right to the cash register, without paying any attention to the Line. Michael was a modest boy at school. If somebody stepped on his foot, he was the one who apologized. He has not changed since then, and if he decided to jump the Line, then the circumstances are very serious for sure. Having apologized to the Line several times, Michael addresses the saleswoman by name: "Julia, give me a kilogram of sausage, a loaf of bread and a pack of tomato juice, please."
Surprised for a moment by such impudence, the Line gets outraged with Michael. Michael says 'I'm sorry' or 'I apologize' to every phrase said against him. When he apologizes once more and walks away from the Line, people talk to the saleswoman demanding an explanation.
"Hello, Michael!" David says to him with a smile, "How are you, old chap?"
"David!" Michael says, "Hello, my dear! Long time no see!"
But people in the Line do not calm down. A little old woman demands the manager.
"Mister manager," the saleswoman says to David's former schoolmate, "They are

dawnego szkolnego kolegi Dawida, "Oni domagają się pana!"
"Mimo, że jesteś menadżerem, nadal nie masz prawa łamać zasad!" Stara kobieta krzyczy ze złością. Uderza w nogę Michała swoją torebką i dumnie opuszcza sklep. David podpiera Michaela tak, żeby nie upadł. Patrzą na innych ludzi w kolejce z ostrożnością. Ale ci są zadowoleni z zemsty staruszki i odwracają się od nich.
"Organizacja nadzorująca pilnie wymaga próbek niektórej żywności sprzedawanej w naszym sklepie," Michael wyjaśnia Davidowi, "I nie sądzę, abym podjąć ryzyko, prosząc sprzedawczynię, aby dała mi te próbki."

demanding you!"
"Although you're the manager, you still don't have the right to break the rules!" the old woman cries angrily. She hits Michael's leg with her bag and proudly leaves the store. David supports Michael so that he does not fall. They look at the other people in the Line with caution. But those are satisfied with the old woman's revenge and turn away from them.
"A supervising organization urgently demands samples of some of the food sold in our store," Michael explains to David, "I didn't think I would take a risk when I asked the saleswoman to give me these samples."

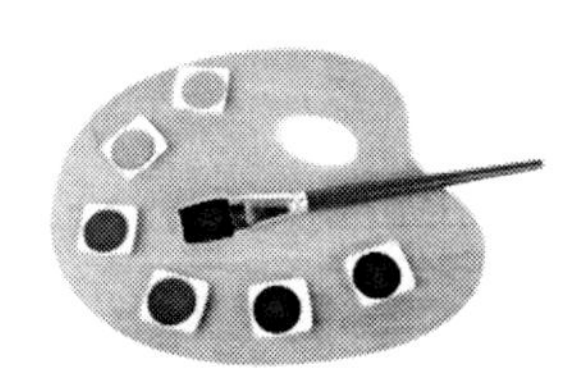

29

Miejsce Numer Trzynaście

Seat Number Thirteen

A

Słówka

Words

1. autobus, bus - bus
2. całuje - kisses
3. ćwiczyć - exercise
4. dzwoni - calling
5. dzwoni - ringing
6. hiszpański - Spanish
7. kasuje - deletes
8. konto - account
9. laptop - laptop
10. marnować - waste
11. nie może - cannot
12. niespodziewanie - unexpectedly
13. odjeżdża - departs
14. opłata - charge
15. płakać - cry
16. podręcznika - textbook
17. połączenie - connection
18. (poprosić) o rękę, poślubić - marry
19. post - post
20. profil - profile
21. przyłączyć się - joining
22. siedzenie - seat
23. się uczyć - study
24. światło - light
25. tablet - tablet
26. tekst - text
27. tłumaczyć - translate
28. tramwaj - tram
29. trzynaście - thirteen
30. tunel - tunnel
31. Twitter - Twitter
32. wczoraj - yesterday
33. wiadomość - message
34. wojsko - army
35. wylogować się - log out
36. z zadowoleniem - gladly
37. zdać - pass
38. zdania - sentences
39. zmartwiony - worried
40. znajomość - acquaintance

B

Miejsce numer trzynaście

Robert ma zamiar odwiedzić swoją przyjaciółkę Elenę. Nie daje jej znać, bo chce przyjść niespodziewanie. On chce prosić ją o rękę.
Robert kupuje bilet autobusowy. Dwie godziny zajmuje dostanie się tam. Robert nie chce marnować tego czasu. Bierze ze sobą podręcznik. Chce uczyć się hiszpańskiego.
Robert wsiada do autobusu. Ma miejsce numer trzynaście. Człowiek siada obok niego. Autobus odjeżdża z dworca. Robert bierze swój podręcznik. Zaczyna robić pierwsze ćwiczenie. Robert musi przetłumaczyć tekst. Tłumaczy tylko dwa zdania, kiedy jego telefon zacznyna dzwonić. To dzwoni David.
"Cześć Robert. Czy to prawda?“ pyta David.
"Tak, to prawda," odpowiada Robert: "Zatem... jak się o tym dowiedziałeś?"
"Przeczytałem to na Twitterze. To świetnie! Szkoda, że nie zobaczymy się wkrótce. Życzę powodzenia!" mówi David i kończy rozmowę.

Robert nie rozumie. Dlaczego nie zobaczymy się wkrótce? Nie pisał też na Twitterze, że zamierza poprosić Elenę o rękę. Robert ponownie wyjmuje podręcznik. Próbuje uczyć się hiszpańskiego. Mija około piętnastu minut. Telefon dzwoni ponownie. Numer telefonu Eleny jest na ekranie.
"Cześć Robert," mówi Elena.
"Cześć Elena," odpowiada Robert.
"Dlaczego mi nie powiedziałeś?" Elena zaczyna płakać: "Będę czekać na Ciebie..."
Autobus jedzie do tunelu i przerwało połączenie. Robert jest zdezorientowany. Patrzy na podręcznik, ale nie może się uczyć. On myśli o dziwnych połączeniach. Potem

Seat Number Thirteen

Robert is going to visit his friend Elena. He doesn't let her know because he wants to come unexpectedly. He wants to ask her to marry him.
Robert buys a bus ticket. It takes two hours to get there. Robert doesn't want to waste this time. He takes a textbook with him. He wants to study Spanish.
Robert gets on the bus. He has seat number thirteen. A man sits down next to him. The bus departs from the station. Robert takes out his textbook. He begins doing the first exercise. Robert has to translate a text. He translates only two sentences, when his phone starts ringing. This is David calling.
"Hi Robert. Is it true?" David asks.
"Yes, it is true," Robert answers, "Well... how did you find out about it?"
"I read it on Twitter. It's great! It's pity we won't see each other soon. I wish you good luck!" David says and finishes the conversation.
Robert doesn't understand. Why won't we see each other soon? He also did not post on Twitter that he was going to ask Elena to marry him. Robert takes out the textbook again. He tries to study Spanish. About fifteen minutes pass. The phone rings again. Lena's phone number is on the screen.
"Hi Robert," Lena says.
"Hi Lena," Robert answers.
"Why didn't you tell me?" Elena begins to cry, "I will wait for you..."
The bus goes into a tunnel and the connection breaks. Robert is confused. He looks at the textbook, but cannot study. He thinks about the strange calls. Then he sees the number thirteen on his seat. Robert feels uneasy. He takes out the phone to call Elena. The

widzi na fotelu numer trzynaście. Robert czuje się nieswojo. Wyjmuje telefon, aby zadzwonić do Eleny. Ekran telefonu nie zapala się. Robert zapomniał go naładować. Autobus przyjeżdża do miasta Eleny godzinę później. Robert wychodzi na dworzec i jedzie tramwajem do domu Eleny. Przychodzi do jej domu niespodziewanie, a Elena jest bardzo zaniepokojona.
"Cześć Elena," mówi i przytula ją.
"Cześć Robert," odpowiada Elena. Jest zadowolona, że Robert przyszedł. Całuje go.
"Dlaczego powiedziałaś mi, że będziesz na mnie czekać?" pyta Robert: "Czekać na mnie aż wrócę skąd?"
"Czytałam na Twitterze, że idziesz do wojska," mówi.
Robert wspomina, że wczoraj wieczorem pisał coś na Twitterze na tablecie jego znajomego i zapomniał się wylogować z jego profilu. Robert rozumie, że jego znajomy zrobił mu kawał. Prosi Elenę, aby włączyła swojego laptopa. Wchodzi na swoje konto i usuwa komunikat: "Idę do wojska." Robert i Elena śmieją się. Robert dzwoni do Davida i odpowiada mu całą tę historię. Mówi też, że Lena zgodziła się go poślubić.
"Jestem bardzo zadowolony, że masz zamiar się ożenić, a nie iść do wojska!" David mówi z zadowoleniem.

telephone screen does not light up. Robert forgot to charge it.
The bus arrives in Elena's city an hour later. Robert goes out to the station and takes a tram to Elena's house. He comes to her house unexpectedly and Lena is very worried.
"Hi Lena," he says and hugs her.
"Hi Robert," Elena answers. She is glad that Robert came. She kisses him.
"Why did you tell me you would wait for me?" Robert asks, "Wait for me to return from where?"
"I read on Twitter that you are going to join the army," she says.
Robert recalls that yesterday evening he wrote something on Twitter on his acquaintance's tablet and forgot to log out of his profile. Robert understands that his acquaintance played a prank. He asks Lena to switch on her laptop. He goes into his account and deletes the message "I am going to join the army." Robert and Elena laugh. Robert calls David and tells him all this story. He also says that Lena agreed to marry him.
"I am really glad that you are going to get married instead of joining the army!" David says gladly.

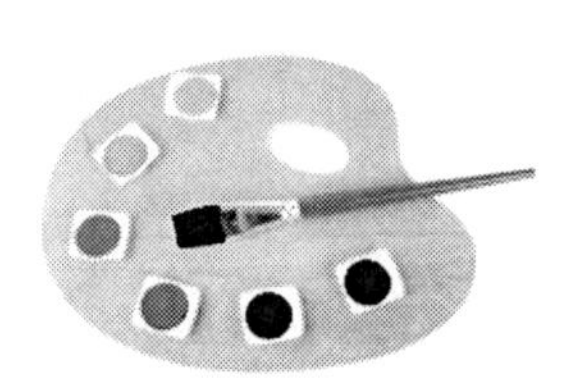

30

Praca Domowa
Homework

A

Słówka
Words

1. być zadowolonym - be glad
2. głupi - silly
3. kartka - sheet
4. klasa - class
5. niesprawdzony - unchecked
6. ocena - grade
7. okropnie - awfully
8. pojedyńczy - single
9. popołudnie - afternoon
10. przeklina - scolds
11. zadowolony - glad
12. zdolna - capable
13. zrobione - done

B

Praca domowa

Nancy idzie do trzeciej klasy w szkole. Linda i Christian przykładają wiele uwagi do jej

Homework

Nancy goes to the third grade at school. Linda and Christian pay a lot of attention to

nauki. Oni zawsze sprawdzają jej prace domowe. Lecz trudno jest im sprawdzić hiszpański. Zatem David zawsze sprawdza hiszpański. Nancy jest zdolną dziewczyną. Ale nie uczy się dobrze hiszpańskiego.
Po jakimś czasie Nancy zaczyna wykonywać wszystkie ćwiczenia bez błędów. Christian i Linda są bardzo zadowoleni, że uczy się hiszpańskiego tak dobrze.
Pewnego razu David jak zawsze sprawdza siostrze pracę domową z hiszpańskiego. Widzi, że wszystko jest zrobione perfekcyjnie. Nie ma nawet pojedynczego błędu. David jest bardzo zadowolony. Pokazuje pracę domową swojej siostry Lindzie i Christianowi. Wszyscy są bardzo szczęśliwi i chwalą Nancy.
Lecz następnego ranka Linda widzi kartkę papieru, która David sprawdził na biurku jej córki. Linda zdaje sobie sprawę, że jej córka zapomniała a tej kartce na biurku. Martwi się o córkę, ponieważ poszła dziś na lekcję bez swojej pracy domowej.
Nancy wraca do domu popołudniu i Linda pyta się jej:
„Czy zapomniałaś swojej pracy domowej z hiszpańskiego na dziś?" mówi, „Teraz dostałaś za to złą ocenę?"
„Nie mamo," odpowiada jej córka, „Wszystko w porządku z pracą. Dostałam za nią dobry stopień. Dlaczego tak uważasz?" mówi zaskoczona Nancy.
„Dostałaś za to dobry stopień?" Linda też jest zaskoczona, „Ale jak to możliwe? Jest tutaj na biurku. To Twoja dzisiejsza praca domowa, którą David sprawdził."
„To jest wczorajsza praca domowa," wyjaśnia jej córka, „Sprawdzaliśmy ją w klasie wczoraj."
Linda nie może zrozumieć o co chodzi...
„A dlaczego poprosiłaś Davida, żeby sprawdził starą pracę domową, która już została sprawdzona w klasie?" Linda pyta, „Dlaczego nie poprosiłaś go, żeby sprawdził

her studies. They always check her homework. But it is difficult form them to check Spanish. So David always checks Spanish. Nancy is a capable girl. But she does not study Spanish well. So David helps her study a lot.
After some time Nancy begins doing all the exercises without mistakes. Christian and Linda are very glad that she studies Spanish well.
Once in the evening David as always checks his sister's homework in Spanish. He sees that everything is done correctly. There isn't a single mistake. David is very glad. He shows his sister's home work to Christian and Linda. All are very happy and praise Nancy.
But next morning Linda sees a sheet of paper with homework that David checked yesterday on her daughter's desk. Linda realizes that her daughter has forgotten this sheet of paper on the desk. She is worried about her daughter, because she has gone to the lesson without her homework today.
Nancy comes back home in the afternoon and Linda asks her:
"Have you forgotten your homework in Spanish for today?" she says, "Now you've got a poor grade for it?"
"No, mom" the daughter replies to her, "It's all right with the assignment. I've got a good grade for it. Why do you think so?" Nancy says in surprise.
"You've got a good grade for it?" Linda is surprised too, "But how is it possible? It is here on the desk. This is your today's homework, that David checked."
"It is yesterday's homework," the daughter explains to her, "We checked it in class yesterday."
Linda can't understand what's going on...
"And why did you ask David to check an old homework that had already been checked in class?" Linda asks, "Why didn't you ask him

zadanie przygotowane na dzisiaj?"
„Dlaczego nie możesz zrozumieć," mowi do niej córka, „To byłoby głupie pokazywać mu niesprawdzoną pracę. David krzyczy i przeklina na mnie okropnie za każdy błąd! Zatem daję mu wczorajsze zadanie, które już sprawdziliśmy w szkole."

to check the assignment that was given to you for today?"
"Why can't you understand," the daughter says to her, "It would be silly to show him unchecked work. David shouts and scolds me awfully for every mistake! So I give him yesterday's assignment that we have already checked at school."

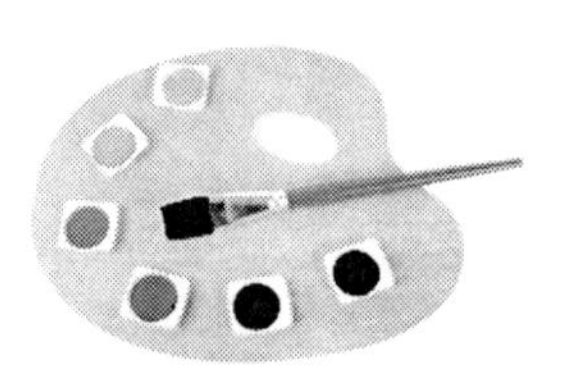

Słownik polsko-angielski

adres - address
akademiki - dorms
akcja charytatywna - charity
aktywny - active
akwariums - aquarium
albo ... albo - either ... or
lub, albo - or
ale - but
alternatywa - alternative
angielski - English
Anny - ann's
architekt - architect
artysta - artist
atakuje - attacks
autobus, bus - bus
autor - author
azjatycki - Asian
aż, do - till
bada - examining
badaże - luggage
bagaż - baggage
bagażnik - compartment, trunk
barbarzyński - barbarian
bardzo - very
basen - swimming pool
bawi się - play, plays
bawić się - playing
beszta - scolding
bez- without
bezczelność - impudence
bezmyślnie - thoughtlessly
bezpośrednio - directly
beżowy - beige
biały - white
Biblia - Bible
biblioteka - library
biedny - poor
biega - run
biegnie - running, runs
bilet - ticket
biurko - desk
biuro - office
blada - pale
blisko - close, closely, near, nearby
błąd - mistake
boi się - gets scared
bóg - god
ból zęba - toothache
brać - take
brakuje- missing
brama - gate
brat - brother
brudny - dirty
brzmi - sounds
buda - doghouse
budowlańców - builder's
budowlańcy - builders
budynek - building
budynki - buildings
budzi się- wakes up
bukiet - bucket
buty - shoes
by - would
być - be, been
być zadowolonym - be glad
byli - were
był - was
całe - entire
całe/cały - whole
całkowicie - absolutely, completely
całuje - kisses
cenne - valuable
centrum - centre
centymetry - centimeters
chce - wants
chciałbym - I'd
chcieć - want
chlapie - splashes
chleb - bread
chłodno - coldly
chłopcy - boys
chociaż - although, though
chomik - hamster
chory - ill, sick

chwalić - praise
chytrze - slyly
ciągnie – pulls
cicho - quiet, quietly, quite, silent
ciekawy - curious
ciemno - dark
cierpliwie - patiently
ciesz się - enjoy
cieszyć się - be glad
ciężarowka - trucks
ciężki - heavy
ciocia - aunt
coś - something
córka - daughter
cudowny - wonderful
cukierek - candy
czarny - black
czas wolny - spare time
czasami - sometimes
czasopisma - magazines
czatować - chat
czegokolwiek - anything
czekać - wait
czekając - waiting
czerwieni - blushing
czerwona - red
cześć - hello, hi
często - often
członkowie - members
człowiek, facet - guy
czterdzieści - forty
cztery - four
czuć - feel
czuje - feels
czuły - sensible
czwarty - fourth
czysty - clean
czyszcząc - cleaning
czyta - reading, reads
ćwiczyć - exercise
daje - give, gives, giving
dalej - further
daleko - away, far
dany - given
dekoracje - decorations
delikatesy - delicacy
delikatnie- gently
dentysta - dentist
dezaprobata - frown
dla - for
dlaczego/dlatego - why
długi - long
długość - length
dni - days
do - to, towards
dobrze - fine, well
dobrze, ok - okay
dodatkie - bonuses
dokładnie - exactly, strictly, more strictly
dokładnie tutaj- right here
doktor - doctor
dokumenty - documents
dolary - dollars
dom - home, house
domowy - household
dorby - good
dosięgnąć - reach
dostał - gotten
dostał, ma- got
dosyć - enough
doświadczenie - experience
dowcip - joke
drewno - wood
drobny druk - fine print
droga- road
drogi - dear
drogi- expensive
drugi - second
druk - print
drzewo - tree
drzwi - door, doors
duch - spirit
dumnie - proudly
dumny - proud
dusza - soul
dużo - loads
dużo, wiele - a lot
duży - big

dwa - two
dwadzieścia - twenty
dym - smoke
dyrektor - director
dyspozytorzy - dispatchers
dywan - carpet
dzieci - children
dziecko - child
dzieło sztuki, arcydzieło - masterpiece
dziennikarstwo - journalism
dzień - day
dziesiąte - tenth
dziesięć - ten
dziewczyna - girl
dziękować - thank
dziś - today
dziwnie - strangely
dziwny - strange
dzwonek do drzwi - doorbell
dzwoni - calling, phones, ringing, rings
dzwonić - phone
dźga - stabs
egzamin - exam
egzotyczny - exotic
ekran - screen
eksplozja - explosion
ekstrementy - excrements
elektronika - electronics
elektryczny - electric
eliminuje, usuwa - eliminate
e-mail - e-mail
emotionalne - emotionally
entuzjastycznie - enthusiastically
esej - essays
fajerwerki - fireworks
fakt - fact
fani - fans
film - film, movie
film akcji - action film
firma - company, firm
firma budowlana - building firm, construction company
firma kurierska- delivery service
folia - foil
formularz - form
forum - forum
fotel - armchair
gałąź - bench, branch
gałęzie - branches
gapi się - stares
gapić się - gaze
gazeta - newspaper
gąśiennica - caterpillar
gdzie - where
gdzieś - somewhere
gepard - cheetah
głaszcze - petting
głęboko - deep
głos - voice
głośno - loudly
głowa - head
główny - main
głupi - silly, stupid
godziny - hours
goni - chases
gość - guest
gotowanie - cooking
gotowy - ready
gotówka - cash
gotuje - cooks
góra - mountain, top
gra- game
Grecja - Greece
grubszy - fatter
gryzie - bite
gryźć - bite
grzecznie - politely
grzyby - mushroom
gumowa - rubber
hałas - noise
hebrajski- Hebrew
herbata - tea
historia - history
historie - stories
hiszpański - Spanish
hotel - hotel
huragan - hurricane
i tak - anyway

i, a - and
ich - their
idzie - goes
im - them
imię - name
inny - another, different, other
instalować - install
intelekt - intellect
inteligentny - intelligence
interesujący - interesting
internet - Internet
iść - go
iść na - going on
ja - I
ja będę - I'll
ja jestem - I'm
ja, mnie - me
jabłko- apple
jak - as
jak - how
jaki- what
jakieś - some
jasne - clear
jasny - bright
jeden - one
jednak - however
jednakże - nevertheless
jedzenie - food
jego - his, its
jej - her, herself
jemu, mu - him
jemu, sobie - itself
Jeruzalem - Jerusalem
jesień - autumn
jest - is
jestem - am
jeszcze - yet
jeść - eat, eating
jeśli - if
język - language
jogging - jogging
jutro - tomorrow
już, dopiero - already
kabel - cord
kanapa - couch
kapryśny - capricious
karmić - feed
karmiony - fed
kartka - sheet
kasa - cash register
kasuje - deletes
katedra - cathedral
kawa - coffee
kawał - prank
kawałek - bit
kawiarnia - café
każdy - each, every
kelner - waiter
Kerl, der; Junge, der - chap
kiedy - when
kiedykolwiek - ever
kiełbasa - sausage
kierowca - driver
kierunek - direction
kilka - bunch, few, several
kilogram - kilogram
kino - cinema
klasa - class
klatka- cage
klej - glue
klient - client
klinika dentystyczna - dental surgery
kobieta - woman
kocha - loves
kochanie - darling
koledzy - colleagues
kolorowy - colorful
koło - wheel
kompetentny - competent
komplement - compliment
kompozycja - composition
komputer - computer
koniec - end
könnte - could
konto - account
kontrast- contrast
kontynuuje - continues
kończy - finishes

koperta - envelope
kosztuje - cost
koszyki - baskets
kot - cat
kota - cat's
kraj - country
krajobraz - landscape
kran - faucet
krawat - tie
krem - cream
krewny - relative
krojone - cut
krokodyl - crocodile
kromka - loaf
król - king
kruchość - frailness
krycie - mating
krzesło - chair
krzyczy - shouting, shouts
książki - books
kto - who
ktoś - somebody, someone
który, które, które - which
kuchnia - cuisine, kitchen
kulinarny - culinary
kupił- bought
kupować - buy
kupuje - buys, purchases
kurczak - chicken
kurier - courier
kurz - dust
kwiaty - flowers
kwietnik - flowerbed
kwitnąć - blossom
lalka - doll
lalki - doll's
laptop - laptop
las - forest
lata - years
lato - summer
leci - flies
lecieć - fly
lekcja - lesson
lekko - slightly
leniwy - lazy
lepiej - better
leżący - lying
leży - lies
lina - rope
lipiec - July
list - letter
literatura - literature
lodówka - fridge
lokal - local
lot - flight
lubi - likes
lubić - like
ludzie - people
ludzki - human
lunch - lunch
lustro - mirror
ładny – pretty
ładuje - loading
łajdak - scoundrel
łamać - break
łańcuch - chain
łapie - catches, grabs
łatwiej - easier
łatwo - easily
łatwy - easy, simple
łowić ryby - fishing
łóżko - bed
ma (mieć) - has
malowanie - painting
małe - small
mały - little
mama - mom, mother
manedżer - manager
marnować - waste
Mars - Mars
martwić się - worry
marzy - dreaming
maskuje - masks
mądry - smart
mąż - husband
mdleje - faints
medyczny - medical
menu - menu

metal - metal
metro - subway
metry - meters
mężczyzna- man
miał - had
miasto - city
miasto - town
miasto rodzinne - hometown
miauczy - meows
mieć - have
mieć - own
mieć na myśli, chodzić o - mean
mieć nadzieję - hope
mieć szczęście - be lucky
miejsce - place
miejsce pracy - workplace
miesiąc - month
mieszka - living
mieszka- lives
mieszkanie - apartment
mija - passes
miliony - millions
miłość, miłosny- love
minuty - minutes
miseczka - cup
młodsza - younger
młody - young
mocno, ciasno - tight
modlić się - pray
moment - moment
mop - mop
morze - sea
może - can, maybe, perhaps
możę - may
możliwe - possible
mój,moje - my
mówi - says, speaks, talk
mówi- talks
mówiąc - talking
mówić - speak
mruczy - purring
musieć - must
muzeum - museum
muzyka - music
my - we
myje - washes
mysz - mouse
myszy - mice
myśli - thinks, thoughts
na - at
na dworze, na zewnątrz - outside
na palcach - tiptoe
na pewno - certainly
na pewno- definitely
na piechotę – on foot
na podłodze - down
na raz - at once
na zewnątrz - out
naciska - presses
nad- over
nadepnął - stepped
nadzoruje- supervising
nagle - suddenly
najbardziej interesujący - most interesting
najbliższy - nearest
najgłośniej - loudest
najlepszy - best
najmądrzejszy - wisest
najniższej - lowermost
najpierw - first
najsławniejszy, najbardziej znany - most famous
najstarsza - oldest
największy - biggest
najwyższy - highest
najwyższy poziom - top-notch
należy (do) - belongs
napięcie - strain
napis - inscription
napisał - wrote
napisany - written
naprawdę - really
naprawić - fix
naprawienie - correct
narodowy - national
nas- us
nasmarować - grease
następujące - following

nastrój - mood
nasz - our
natychmiast - immediately
nauczyciel - teacher
nauczyć się - learned
nawet - even
nazywa - calls
nerwowy - nervous
niania - nanny
nic - nothing
nić - thread
nie był - wasn't
nie- don't
nie jest - isn't
nie może - can't, cannot
nie- no, not
nie przejmuj się - don't worry
nie robi - doesn't
nie są- aren't
nie zrobił - didn't
niebezpieczny - dangerous
niecywilizowany- uncivilized
niedawno - recently
niedziela - Sunday
niekończący się - endless
niemiły - unpleasant
niepewnie - hesitantly
nieprawidłowy - incorrect
niesie - carries, carrying
niespodzianka - surprise
niespodziewanie - unexpectedly
niespokojny - restless
niesprawdzony - unchecked
niestety - unfortunately
nieswojo - uneasy
nieść - carry
nieśmiało - shyly
nieśmiały - shy
niewiarygodnie - incredibly
niezrozumiały - incomprehensible
niezwyczajnie - unusually
niezwykły - unusual
nigdy - never
nigdy więcej - anymore
nigdzie - anywhere
nikt - anybody, nobody
niski - low, short
niż - than
niżej - lower
noc - night
nogi - legs
nowoczesne, współczesne - modern
nowy - new
nożyczki - scissors
numer - number
obawiać się - be afraid
obiad- dinner
obojętny - indifferent
obok - next to
obowiązki - chores
obowiązkowy - obligatory
obraca się - turns
obraz - picture
obroża - collar
obserwując - watching
obserwuje - watches
oburzony - outraged
ocena - grade
och - ooh
ochroniarz - guard
oczarowany, zachwycony - charmed
oczy - eyes
oczywiste - obvious
oczywiście - of course
od - since
oddychając - breathing
oddzieleni - separated
oddzielnie - apart
odejść - leave
odgaduje - figures
odjeżdża - departing, departs
odmawia - refuses
odmowa - dismissal
odpoczywać - rest
odpowiada - replies
odpowiedni - accurate, suitable
odpowiedzi - answers
odpowiedź - answer

odrzucić - dismiss
odszedł - gone
odważny - brave
odwiedzają - visiting
odwiedzić - visit
oferta - offer
ogień - fire
ogon - tail
ogromny - huge
ogród - garden
ojciec - dad, father
ok, dobrze - OK
okazuje się - appear
okno - window
okoliczności - circumstances
okres - period
okres próbny - probation period
okropnie - awfully
okropny - awful
omlet - omelette
omówić - discuss
on - he
on jest - it's
ona - she
oni - they
ono, to - it
opalanie się - sunbathing
opaska - tourniquet
opcja - option
opel - Opel
operacja - surgery
opieka - care
opinia - opinion
opłata - charge
opowiada - telling, tells
opowieść - story
organizacja - organization
osiem - eight
osobiście - person
ostatnio - lately
ostro- harshly
ostro, mocno - strongly
ostrożny - careful
ostrzegać - warn
oszukiwać - cheat
ośmioletnia - eight-year-old
otrzymuje - receive
otwarte - open
owoce - fruits
ożywić - revive
pa, cześć - bye
paczka - packet, package
pada śnieg - snowing
pakować - wrap
pakuje - pack
palec - finger
pali się - burns
pamiętać - remember
pan - mister
pani - Madam
papieros - cigarette
papiery, dokumenty - papers
park - park
pasja - passion
patrzy - looking, watch
pazur - paw
pchając - pushing
pełny - full
pełza - crawling
pensja - salary
perfekcyjnie- perfectly
peron - platform
pewny - sure
piątek - Friday
piąty - fifth
picie - drinking
pić - drink
piec - bake
piecze - baking
piekarnik - oven
pieniądze - money
pies - dog, dog's
pietnaście - fifteen
pięć- five
piękno - beauty
piękny - beautiful
pije - drinks
piknik - picnic

pilnie - urgently
piłka- ball
pisarz - writer
pisze - writes
plastik - plastic
plik - file
płacze - cries
płacze- crying
płakać - cry
płot - fence
pływanie - swimming
po - after
po porstu - simply
pobrali się - married
pochlebiać - flatter
pociąg - train
początek - beginning
pocztówki - postcards
pod - under
pod wrażeniem - impressed
podarł - tore
podąża - follows
podchodzi - approach, approaches
podczas - during, while
podłoga - floor
podnieceni - excitedly
podobnyh - similar
podręcznika - textbook
podróżuje - traveling
podskakuje - jumps
podwórko - yard
poezja - poetry
pogoda - weather
pojawia się, wygląda - appears
pojedyńczy - single
pokazany - shown
pokazuje - shows
pokonać - overcome
pokój - peace, room
pokrywa - lid
pole - field
poleca - recommends
polepszyć - improve
policjant - policeman
połączenie - connection
południe - noon
pomaga - helps
pomidor - tomato
pomoc - help
pomysł, koncept - concept
pomyślał - thought
ponadto - moreover
ponieważ, bo - because
poplamiony - splattered
popołudnie - afternoon
poprzedni - former
poprosić o rękę, poślubić - marry
popsuć, zrujnować - spoil
porcelana - porcelain
posiłek - meal
posłuszny - obedient
post - post
poszedł - went
pośpiech - hurry
potajemnie - secretly
potem - afterwards
potem,wtedy - then
potrawa - dish
potrząsa- shakes
potrzeboiwać - need
potrzebuje - needs
potwierdzony - confirmed
poważnie - seriously
poważny - serious
powiedział - said, spoke, told
powinien - should
powoli - slowly
powódź - flood
powszechny - common
powtarza - repeats
powtarzać - keeps
poza tym - besides
pozdrawia- greets
poziom - level
poznać - meet
poznawać - recognize
pozwala - let
pół, połowa - half

północ - north
później - later
późno - late
praca - job, work
praca domowa - homework
pracownik - employee
pracując - working
pracuje - works
prawa - laws
prawda - true, truth
prawdopodobnie - probably
prawdziwy - real
prawidłowo - correctly
prawie - almost
prawoznawstwo - jurisprudence
prezent - gifts, present
problem - problem
profesjonalny - professional
profesor - professor
profil - profile
proponuje - suggests
prosi - inquires
prosi, pyta- asking
prosto - straight
proszę - please
proszę bardzo - you're welcome
prowadzi - drives, driving, leads
próbki - samples
próbować - try, trying
próbuje - tries
przebaczy - forgiven
przebaczyć - forgive
przebiegły - sly
przechyloną - tilted
przeciwko - against
przed - before, in front of
przedmiot - subject
przedmioty - objects
przedstawia - introduces
przedszkole - kindergarten
przekazuje - retells
przekąska, przekąsić - snack
przeklina - scolds
przekonujący - convincing
przekonuje - convinces
przepis - recipe
przeprasza - apologize
Przepraszam- Excuse me
przepytać - quiz
przerywa - interrupts
przestać - stop
przestraszona - frightened
przeszłość - past
przez - through
przezwisko - nickname
przpuszcza - supposes
przy- by
przychodzi - come, comes, coming
przyczepiona - attached
przygody - adventures
przygotować się - prepare
przygotowuje się - preparing
przyjaciel- friend
przyjaciele - friends
przyjazd - arrival
przyjechać - arrive
przyjemność - pleasure
przykleja - gluing
przyłączyć się - joining
przyniósł - brought
przynosi - brings
przypadkowoh - accidentally
przypadkowy - random
przypominać - recalls, remind
przyspiesza,prędkość - speed
przytakuje - nods
przytula - hugs
przywiązuje - ties
przyznać - admit
ptaki - birds
publiczny - public
punkt - point
pyszne - delicious
pyta- asks
pytać - ask
pytania - questions
rachunek - bill
raczej - kind

radio - radio
radosny - cheerful
radośnie - merrily
radzi sobie - manages
radzić, rada - advise
ramiona - arms
ranić - hurt
rano - morning
razem - together
reaguje - react
restauracja - restaurant
rezerwacja - booking
ręce - hands
ręcznik - towel
Roberta - robert's
robi - does
robić, wykonywać - do, doing
rodośnie - cheerfully
rodzice - parents
rodzina - family
rok - year
rok temu - a year ago
romantyczna - romantic
rosnąć - grow
rośnie- grows
rozbił się - crashed
rozciąga się - stretch
rozłącza się - hangs up
rozmiar - size
rozmowa - conversation
rozrywa się - rips
rozsądek - sense
rozsiada się - settles down
rozumie - understands
rozumieć - understand
rozważa - considers
rozważnie - thoughtfully
rozwiązanie - solution
róg - corner
różne - various
ruszać się - move
ruszył - rushed
rybka - fish
ryzyko - risk
rzadki - rare
rzadko - rarely, seldom
rzecz - thing
rzeka - river
rzeźba - sculpture
rzucił - threw
sala kinowa - cinema hall
sala, klasa - classroom
samochód - car
samodzielnie - alone
samolot - plane
są - are
sąd - court
sąsiad- neighbor
sąsiadujący - neighboring
sbezdomny - homeless
scena - scene
schludność - cleanliness
schody - stairs
sekretarka - secretary
sen - dream
ser - cheese
sędzia - judge
siada - sits
siebie - himself, myself, themselves
siedemdziesiąt - seventy
siedzenie - seat
siedzi - sits, sitting
się uczyć - study
silnik - engine
silny - strong
siostra - sis, sister
skarpeta - socket
sklep - market, shop, store
sklep spożywczy - convenience store
składać wizytę - pays a visit
skomplikowany - complicated
skończył - ended
skopiować - copying
skopiowany - copied
skóra - leather
skradziony - shall
skromny - modest
skrzyżowanie - intersection

skutkować - resolve
słabo - poorly
sławny - famous
słodycze - sweets
słońce - sun
słowo - word
słucha - listening, listens
słyszała - heard
słyszeć - hear
słyszy - hears
smaczne - tasty
smak - taste
smakowity - appetizing
smażyć - fry
smiejąc się - laughing
smutny - sad, upset
smycz - leash
sok - juice
spacer- walk
spać - sleep
Sparta - Sparta
specjalność - specialty
spędza - spends
spędzać - spend
spodziewać - expect
spojrzenia - glances
spokojnie - calmly
spokojny - calm
sposób - way
spotkać - met
spotkanie - meeting
spór - dispute
sprawa (wypadek) - case
sprawdzić - check
sprawiedliwość - justice
sprawił komplement - paid a compliment
sprzedany - sold
sprzedawać - sell
sprzedawca - salesman
sprzedawczyni - saleswoman
stacja - station
stać się - became
staje się - getting
stanowczy - strict
stara.starsza - old
starać się - try hard
starożytny- ancient
starszy - elderly
sterta - pile
sto - hundred
stoi - stands
stolica - capital
stopnie - marks
stół - table
strach - chill
strach- fear
strata - loss
strona - side
strój kąpielowy- swimsuit
strsznie, okropnie - terribly
studia - college, studies
studiuje - studying
stwierdza - concludes
stygnąć - cold
styl - style
sufit - ceiling
suma - sum
supermarket - supermarket
symbol - symbol
syn - son
sytuacja - situation
szafki - cabinets
szaman - shaman
szczególnie - especially
szczegół - detail
szczeka - bark, barks
szczekając - barking
szczekał - barked
szczepienia - vaccinations
szczerze - honestly
szczęka- jaw
szczęście - luck
szczęśliwie - happily
szczęśliwy - happy
szczury - rats
szef - chef, chief
szerokie oczy - wide-eyed
szeroko - widely

sześć - six
szkoda - it's a pity
szkolny kolega - schoolmate
szkoła - school
szpital - hospital
sztraszny - terrible
sztuka - art
szuflada - drawer
szybko- quickly
ściśle - tightly
ślniący - shining
śmiało - daring
śmiech, smiać się - laugh
śmieci - garbage, trash
śmieje się - laughs
śmieszny, zabawny - funny
śpi - sleeps
śpiąc - sleeping
śpiący - sleepy
śpiewać - sing
śpiewając - singing
średnie - medium-sized
średniowieczny - medieval
Środa - Wednesday
środek - middle
środowisko - environment
światło - light
święta Bożego Narodzenia - Christmas
święto - festive
święty - Saint
świt - daybreak
tablet - tablet
tak - so
tak- yes
tak, że - that's
taki - such
taksówka - taxi
talent - talent
talerz - plate
tam - there
tatuś - daddy
te - these
tekst - text
telefon, komórka - telephone
temat - theme
temperament - temper
teraz - now
termin - term
test - test
też - also
tęskni - misses
tłumaczenie - translation
tłumaczyć - translate
tłusta - fat
to, że - that
to,ten - this
ton - tone
torba - bag
tort, ciasto - cake
towarzyszy - accompanies
tracić - lose
tradycje - traditions
traktuje - treats
tramwaj - tram
transport - transportation
triumfuje - triumphs
trochę - same
trudność - difficulty
trudny - difficult
trwało - continued
trzeci - third
trzecia godzina - three o'clock
trzy - three
trzyma - holds
trzymać - hold
trzymając - holding
trzynaście - thirteen
tuba - tube
tulipany - tulips
tunel - tunnel
tutaj - here
twarz - face
Twitter - Twitter
twój,twoje - your
ty jesteś - you're
ty, oni - you
tydzień - week
tylko - just, only

tymczasowo - temporary
ubiegać się, składac papiery - apply
ubrania - clothes
uchylone - ajar
uczeń - student
uczęszczać - attend
uczucia - feelings
uczy - teaches
udaje się - succeeds
uderza - hits
udowodnić - prove
układa - composes
ukradł - stolen
ulica - street
ulubiony - favorite
umysł, uważać - mind
uniform - uniform
uniwersytet - university
upuszcza - drops
uratowany - saved
urocza - charming
uroczystości - celebration
urodziny - birthday
usługi przewoźników - taxi service
usta - mouth
ustawa, litera (prawa) - articles
usterka - defect
uśmiecha się - smiles
uwaga - caution
uważa - believes
uważnie - attentively
uważnie, ostrożnie - carefully
uwielbia - admires
uznaje - decides
używa - takes
używać - uses
używając - using
w - in, into
w interesach - on business
w końcu - at last
w końcu - finally
w międzyczasie - meanwhile
wakacje - vacation
walizka - suitcase
walizki - suitcases
warczeć- growl
warczy - growls
warzywa - vegetables
watowanie - wadding
ważny - important
wątpliwości - doubt
wchodzi - enters
wciąż - still
wcinać (wchodzić) w kolejkę - cutting the line
wcześnie - early
wcześniej - earlier
wczoraj - yesterday
według - according
weekend - weekend
wesoło - joyfully
wewnętrzny - inner
wezwać - call
wezwany - sent
wiadomości - news
wiadomość - message, note
widelec - fork
widoki - sights
widzi - sees
widział - saw
widzieć - see
wie- know, knows
wieczność - eternity
wieczór - evening
wiedza - knowledge
wiedząc - knowing
wiedział - knew
wiele, dużo - much
wielki - great
wiersze - poems
wieś - village
więcej - more
wina - fault
winda - elevator
winny - guilty
wiosna - spring
wisi - hang
wisieć - hanging

wkładać do koperty, pieczętować- seals
wkładać, włożyć - put
wkrótce - soon
właściciel - owner
właściciele - owners
włosy - hair
wnętrze - inside
woda - water
wojsko - army
wokoło - around
wola - will
wpatrując się - glancing
wpiąć - plug
wpływ - influence
wraca - returns
wrażenia - impressions
wskakuje - jumps
wskazówka - hint
wskazuje - points
wspaniały - amazing, excellent, magnificent
wspiera - supports
wspina się - climbs
współgra - coincides
wstać - get up
wstąpić - drop by
wstecz - outward
wsuwa - flip
wszyscy - everybody, everyone
wszystko - all, everything
wściekle - furiously
wściekły - furious
wtorek - Tuesday
wujek - uncle
wybawiciel - rescuer
wybiera - dials
wybiera- chooses
wycierać - wipe off
wydaje się - seems
wydanie - issue
wydawać - spending
wydział - department
wygina, nachyla - bows
wygląd - appearance
wygląda - looks
wyglądać - look
wygodnie - comfortably
wyjaśnia - explains
wyjaśnienie - explanation
wyjście - exit
wykład - lectures
wykonawcy - executioner’s
wylogować się - log out
wymagany - required
wymieniają - exchange
wymyśla - invents
wyprowadzać - walking
wyprowadzać psa - walk the dog
wyprzedza - overtakes
wyraz - expression
wyraźnie - distinctly
wyrzucić - throw out
wysiada - gets off
wysoki - tall
wyspać się - get a good night's sleep
wysportowany - fit
wystającymi - sticking out
wystawa - exhibition
wysyła - send
wyszkolony - trained
wyszli - left
wytresowany - disciplined
wyznanie - confession
wzdycha - sighs
z - from, with
z niezadowoleniem - discontentedly
z powodzeniem - successfully
z powrotem, do siebie - back
z satysfakcją - contentedly
z zadowoleniem - gladly
za - behind
zabawki - toys
zabić - kill
zabierać - taking
zabrał - took
zachowuje - behaves
zaczął - began
zaczyna - begins, starts

zadanie - assignment, task
zadowolona - satisfied
zadowolony - glad
zainteresowanim - interest
zainteresowany - interested
zajęcia - classes
zajęty - busy
zakochać się - fell in love
zakręcić - switch off
zalamany - despair
zamiast - instead
zamknąć - lock
zapach - smell
zapomniał - forgotten
zapomniałam - forgot
zapomnieć - forgets
zaprasza - invites
zarabiać - earn
zaskoczony - surprised
zasłużył- deserved
zastanawia się- wonder
zastępca - deputy
zasypia - asleep, fall
zatrudnić - hire
zatrzymać - detain
zauważa - notices
zauważyć - spot
zawsze - always
zaznajomiony - acquainted
zazwyczaj - usually
zazywany - called
zażenowanie - embarrassment
ząb - tooth
zbiera - collects
zbierać - gather, pick
zbyt - too
zdać - pass
zdaje sobie sprawę - realizes
zdania - sentences
zdanie - phrase
zdarzyło się - happened
zdecydował - decided
zdjęcia - photos
zdolna - capable
zdrowy - healthy
zdrowy rozsądek - common sense
zdumienie - amazement
zdziwienie - astonishment
ze smutkiem - sadly
ze złością - angrily
Zeit, die - time
zemdlała - fainted
zemsta - revenge
zeszyty - notebooks
Zeus - Zeus
zgadywać - guess
zgadza się - agrees
zgina - bends
zgubić - lost
złapał - caught
złość - anger
złota rybka - goldfish
zły - angry, bad
zmartwiony - worried
zmęczony - tired
zmiana - change
zmieszana- confused
zmieszanie - confusion
zmieszany - mixed up
znaczenie - meaning
Znaczenie, sprawa - matter
znaczy - means
znajomość - acquaintance
znajomy - acquaintance
znalazł - found
znaleźć - find
znowu - again
zostać - stay
zostać naprawionym - being repaired
zostają - remain
zostaje - stays
zrobić się żal - feels sorry
zrobić wrażenie - impress
zrobił - did
zrobione - done
zrozumiał - understood
zupa - soup
zwierzątko - pet

zwierzęs - animal
zwierzęta - pets
zwolniony - fired
zwraca się - addresses
zwracać uwagę - pay attention
zwyczaje - customs
zwykły - ordinary
źle - badly
żada- demands
żadny - any
żądając - demanding
żegnać się,robić znak krzyża - crosses
żelazko - iron
żona - wife
żółty - yellow
życie - life
żywy - alive

Słownik angielsko-polski

a lot - dużo, wiele
a year ago - rok temu
absolutely - całkowicie
accidentally - przypadkowoh
accompanies - towarzyszy
according - według
account - konto
accurate - odpowiedni
acquaintance - znajomość, znajomy
acquainted - zaznajomiony
action film - film akcji
active - aktywny
address - adres
addresses - zwraca się
admires - uwielbia
admit - przyznać
adventures - przygody
advise - radzić, rada
after - po
afternoon - popołudnie
afterwards - potem
again - znowu
against - przeciwko
agrees - zgadza się
ajar - uchylone
alive - żywy
all - wszystko
almost - prawie
alone - samodzielnie
already - już, dopiero
also - też
alternative - alternatywa
although - chociaż
always - zawsze
am - jestem
amazement - zdumienie
amazing - wspaniały
ancient - starożytny
and - i, a
anger - złość
angrily - ze złością
angry - zły
animal - zwierzęs
ann's - Anny
another - inny
answer - odpowiedź
answers - odpowiedzi
any - żadny
anybody - nikt
anymore - nigdy więcej
anything - czegokolwiek
anyway - i tak
anywhere - nigdzie
apart - oddzielnie
apartment - mieszkanie
apologize - przeprasza
appear - okazuje się
appearance - wygląd
appears - pojawia się, wygląda
appetizing - smakowity
apple - jabłko
apply - ubiegać się, składac papiery
approach - podchodzi
approaches - podchodzi
aquarium - akwariums
architect - architekt
are - są
aren't - nie są
armchair - fotel
arms - ramiona
army - wojsko
around - wokoło
arrival - przyjazd
arrive - przyjechać
art - sztuka
articles - ustawa, litera (prawa)
artist - artysta
as - jak
Asian - azjatycki
ask - pytać
asking - prosi, pyta
asks - pyta
asleep - zasypia
assignment - zadanie

astonishment - zdziwienie
at - na
at last - w końcu
at once - na raz
attached - przyczepiona
attacks - atakuje
attend - uczęszczać
attentively - uważnie
aunt - ciocia
author - autor
autumn - jesień
away - daleko
awful - okropny
awfully - okropnie
back - z powrotem, do siebie
bad - zły
badly - źle
bag - torba
baggage - bagaż
bake - piec
baking - piecze
ball - piłka
barbarian - barbarzyński
bark - szczeka
barked - szczekał
barking - szczekając
barks - szczeka
baskets - koszyki
be - być
be afraid - obawiać się
be glad - być zadowolonym
be glad - cieszyć się
be lucky - mieć szczęście
beautiful - piękny
beauty - piękno
became - stać się
because - ponieważ, bo
bed - łóżko
been - być
before - przed
began - zaczął
beginning - początek
begins - zaczyna
behaves - zachowuje
behind - za
beige - beżowy
being repaired - zostać naprawionym
believes - uważa
belongs - należy (do)
bench - gałąź
bends - zgina
besides - poza tym
best - najlepszy
better - lepiej
Bible - Biblia
big - duży
biggest - największy
bill - rachunek
birds - ptaki
birthday - urodziny
bit - kawałek
bite - gryzie, gryźć
black - czarny
blossom - kwitnąć
blushing - czerwieni
bonuses - dodatkie
booking - rezerwacja
books - książki
bought - kupił
bows - wygina, nachyla
boys - chłopcy
branch - gałąź
branches - gałęzie
brave - odważny
bread - chleb
break - łamać
breathing - oddychając
bright - jasny
brings - przynosi
brother - brat
brought - przyniósł
bucket - bukiet
builder's - budowlańców
builders - budowlańcy
building - budynek
building firm - firma budowlana
buildings - budynki
bunch - kilka

burns - pali się
bus - autobus, bus
busy - zajęty
but - ale
buy - kupować
buys - kupuje
by - przy
bye - pa, cześć
cabinets - szafki
café - kawiarnia
cage - klatka
cake - tort, ciasto
call - wezwać
called - zazywany
calling - dzwoni
calls - nazywa
calm - spokojny
calmly - spokojnie
can - może
can't - nie może
candy - cukierek
cannot - nie może
capable - zdolna
capital - stolica
capricious - kapryśny
car - samochód
care - opieka
careful - ostrożny
carefully - uważnie, ostrożnie
carpet - dywan
carries - niesie
carry - nieść
carrying - niesie
case - sprawa (wypadek)
cash - gotówka
cash register - kasa
cat - kot
cat's - kota
catches - łapie
caterpillar - gąśiennica
cathedral - katedra
caught - złapał
caution - uwaga
ceiling - sufit
celebration - uroczystości
centimeters - centymetry
centre - centrum
certainly - na pewno
chain - łańcuch
chair - krzesło
change - zmiana
chap - Kerl, der; Junge, der
charge - opłata
charity - akcja charytatywna
charmed - oczarowany, zachwycony
charming - urocza
chases - goni
chat - czatować
cheat - oszukiwać
check - sprawdzić
cheerful - radosny
cheerfully - rodośnie
cheese - ser
cheetah - gepard
chef - szef
chicken - kurczak
chief - szef
child - dziecko
children - dzieci
chill - strach
chooses - wybiera
chores - obowiązki
Christmas - święta Bożego Narodzenia
ciągnie – pulls
cigarette - papieros
cinema - kino
cinema hall - sala kinowa
circumstances - okoliczności
city - miasto
class - klasa
classes - zajęcia
classroom - sala, klasa
clean - czysty
cleaning - czyszcząc
cleanliness - schludność
clear - jasne
client - klient
climbs - wspina się

close - blisko
closely - blisko
clothes - ubrania
coffee - kawa
coincides - współgra
cold - stygnąć
coldly - chłodno
collar - obroża
colleagues - koledzy
collects - zbiera
college - studia
colorful - kolorowy
come - przychodzi
comes - przychodzi
comfortably - wygodnie
coming - przychodzi
common - powszechny
common sense - zdrowy rozsądek
company - firma
compartment - bagażnik
competent - kompetentny
completely - całkowicie
complicated - skomplikowany
compliment - komplement
composes - układa
composition - kompozycja
computer - komputer
concept - pomysł, koncept
concludes - stwierdza
confession - wyznanie
confirmed - potwierdzony
confused - zmieszana
confusion - zmieszanie
connection - połączenie
considers - rozważa
construction company - firma budowlana
contentedly - z satysfakcją
continued - trwało
continues - kontynuuje
contrast - kontrast
convenience store - sklep spożywczy
conversation - rozmowa
convinces - przekonuje
convincing - przekonujący
cooking - gotowanie
cooks - gotuje
copied - skopiowany
copying - skopiować
cord - kabel
corner - róg
correct - naprawienie
correctly - prawidłowo
cost - kosztuje
couch - kanapa
could - könnte
country - kraj
courier - kurier
court - sąd
crashed - rozbił się
crawling - pełza
cream - krem
cries - płacze
crocodile - krokodyl
crosses - żegnać się,robić znak krzyża
cry - płakać
crying - płacze
cuisine - kuchnia
culinary - kulinarny
cup - miseczka
curious - ciekawy
customs - zwyczaje
cut - krojone
cutting the line - wcinać (wchodzić) w kolejkę
dad - ojciec
daddy - tatuś
dangerous - niebezpieczny
daring - śmiało
dark - ciemno
darling - kochanie
daughter - córka
day - dzień
daybreak - świt
days - dni
dear - drogi
decided - zdecydował
decides - uznaje
decorations - dekoracje

deep - głęboko
defect - usterka
definitely - na pewno
deletes - kasuje
delicacy - delikatesy
delicious - pyszne
delivery service - firma kurierska
demanding - żądając
demands - żada
dental surgery - klinika dentystyczna
dentist - dentysta
departing - odjeżdża
department - wydział
departs - odjeżdża
deputy - zastępca
deserved - zasłużył
desk - biurko
despair - zalamany
detail - szczegół
detain - zatrzymać
dials - wybiera
did - zrobił
didn't - nie zrobił
different - inny
difficult - trudny
difficulty - trudność
dinner - obiad
direction - kierunek
directly - bezpośrednio
director - dyrektor
dirty - brudny
disciplined - wytresowany
discontentedly - z niezadowoleniem
discuss - omówić
dish - potrawa
dismiss - odrzucić
dismissal - odmowa
dispatchers - dyspozytorzy
dispute - spór
distinctly - wyraźnie
do - robić, wykonywać
doctor - doktor
documents - dokumenty
does - robi
doesn't - nie robi
dog - pies
dog's - pies
doghouse - buda
doing - robić, wykonywać
doll - lalka
doll's - lalki
dollars - dolary
don't - nie
don't worry - nie przejmuj się
done - zrobione
door - drzwi
doorbell - dzwonek do drzwi
doors - drzwi
dorms - akademiki
doubt - wątpliwości
down - na podłodze
drawer - szuflada
dream - sen
dreaming - marzy
drink - pić
drinking - picie
drinks - pije
driver - kierowca
drives - prowadzi
driving - prowadzi
drop by - wstąpić
drops - upuszcza
during - podczas
dust - kurz
each - każdy
earlier - wcześniej
early - wcześnie
earn - zarabiać
easier - łatwiej
easily - łatwo
easy - łatwy
eat - jeść
eating - jeść
eight - osiem
eight-year-old - ośmioletnia
either ... or - albo ... albo
elderly - starszy
electric - elektryczny

electronics - elektronika
elevator - winda
eliminate - eliminuje, usuwa
e-mail - e-mail
embarrassment - zażenowanie
emotionally - emotionalne
employee - pracownik
end - koniec
ended - skończył
endless - niekończący się
engine - silnik
English - angielski
enjoy - ciesz się
enough - dosyć
enters - wchodzi
enthusiastically - entuzjastycznie
entire - całe
envelope - koperta
environment - środowisko
especially - szczególnie
essays - esej
eternity - wieczność
even - nawet
evening - wieczór
ever - kiedykolwiek
every - każdy
everybody - wszyscy
everyone - wszyscy
everything - wszystko
exactly - dokładnie
exam - egzamin
examining - bada
excellent - wspaniały
exchange - wymieniają
excitedly - podnieceni
excrements - ekstrementy
Excuse me - Przepraszam
executioner's - wykonawcy
exercise - ćwiczyć
exhibition - wystawa
exit - wyjście
exotic - egzotyczny
expect - spodziewać
expensive - drogi
experience - doświadczenie
explains - wyjaśnia
explanation - wyjaśnienie
explosion - eksplozja
expression - wyraz
eyes - oczy
face - twarz
fact - fakt
fainted - zemdlała
faints - mdleje
fall - zasypia
family - rodzina
famous - sławny
fans - fani
far - daleko
fat - tłusta
father - ojciec
fatter - grubszy
faucet - kran
fault - wina
favorite - ulubiony
fear - strach
fed - karmiony
feed - karmić
feel - czuć
feelings - uczucia
feels - czuje
feels sorry - zrobić się żal
fell in love - zakochać się
fence - płot
festive - święto
few - kilka
field - pole
fifteen - pietnaście
fifth - piąty
figures - odgaduje
file - plik
film - film
finally - w końcu
find - znaleźć
fine - dobrze
fine print - drobny druk
finger - palec
finishes - kończy

fire - ogień
fired - zwolniony
fireworks - fajerwerki
firm - firma
first - najpierw
fish - rybka
fishing - łowić ryby
fit - wysportowany
five - pięć
fix - naprawić
flatter - pochlebiać
flies - leci
flight - lot
flip - wsuwa
flood - powódź
floor - podłoga
flowerbed - kwietnik
flowers - kwiaty
fly - lecieć
foil - folia
following - następujące
follows - podąża
food - jedzenie
foot - (na) piechotę
for - dla
forest - las
forgets - zapomnieć
forgive - przebaczyć
forgiven - przebaczy
forgot - zapomniałam
forgotten - zapomniał
fork - widelec
form - formularz
former - poprzedni
forty - czterdzieści
forum - forum
found - znalazł
four - cztery
fourth - czwarty
frailness - kruchość
Friday - piątek
fridge - lodówka
friend - przyjaciel
friends - przyjaciele
frightened - przestraszona
from - z
frown - dezaprobata
fruits - owoce
fry - smażyć
full - pełny
funny - śmieszny, zabawny
furious - wściekły
furiously - wściekle
further - dalej
game - gra
garbage - śmieci
garden - ogród
gate - brama
gather - zbierać
gaze - gapić się
gently - delikatnie
get a good night's sleep - wyspać się
get up - wstać
gets off - wysiada
gets scared - boi się
getting - staje się
gifts - prezent
girl - dziewczyna
give - daje
given - dany
gives - daje
giving - daje
glad - zadowolony
gladly - z zadowoleniem
glances - spojrzenia
glancing - wpatrując się
glue - klej
gluing - przykleja
go - iść
god - bóg
goes - idzie
going on - iść na
goldfish - złota rybka
gone - odszedł
good - dorby
got - dostał, ma
gotten - dostał
grabs - łapie

grade - ocena
grease - nasmarować
great - wielki
Greece - Grecja
greets - pozdrawia
grow - rosnąć
growl - warczeć
growls - warczy
grows - rośnie
guard - ochroniarz
guess - zgadywać
guest - gość
guilty - winny
guy - człowiek, facet
had - miał
hair - włosy
half - pół, połowa
hamster - chomik
hands - ręce
hang - wisi
hanging - wisieć
hangs up - rozłącza się
happened - zdarzyło się
happily - szczęśliwie
happy - szczęśliwy
harshly - ostro
has - ma (mieć)
have - mieć
he - on
head - głowa
healthy - zdrowy
hear - słyszeć
heard - słyszała
hears - słyszy
heavy - ciężki
Hebrew - hebrajski
hello - cześć
help - pomoc
helps - pomaga
her - jej
here - tutaj
herself - jej
hesitantly - niepewnie
hi - cześć
highest - najwyższy
him - jemu, mu
himself - siebie
hint - wskazówka
hire - zatrudnić
his - jego
history - historia
hits - uderza
hold - trzymać
holding - trzymając
holds - trzyma
home - dom
homeless - sbezdomny
hometown - miasto rodzinne
homework - praca domowa
honestly - szczerze
hope - mieć nadzieję
hospital - szpital
hotel - hotel
hours - godziny
house - dom
household - domowy
how - jak
however - jednak
huge - ogromny
hugs - przytula
human - ludzki
hundred - sto
hurricane - huragan
hurry - pośpiech
hurt - ranić
husband - mąż
I - ja
I'd - chciałbym
I'll - ja będę
I'm - ja jestem
if - jeśli
ill - chory
immediately - natychmiast
important - ważny
impress - zrobić wrażenie
impressed - pod wrażeniem
impressions - wrażenia
improve - polepszyć

impudence - bezczelność
in - w
in front of - przed
incomprehensible - niezrozumiały
incorrect - nieprawidłowy
incredibly - niewiarygodnie
indifferent - obojętny
influence - wpływ
inner - wewnętrzny
inquires - prosi
inscription - napis
inside - wnętrze
install - instalować
instead - zamiast
intellect - intelekt
intelligence - inteligentny
interest - zainteresowanim
interested - zainteresowany
interesting - interesujący
Internet - internet
interrupts - przerywa
intersection - skrzyżowanie
into - w
introduces - przedstawia
invents - wymyśla
invites - zaprasza
iron - żelazko
is - jest
isn't - nie jest
issue - wydanie
it - ono, to
it's - on jest
it's a pity - szkoda
its - jego
itself - jemu, sobie
jaw - szczęka
Jerusalem - Jeruzalem
job - praca
jogging - jogging
joining - przyłączyć się
joke - dowcip
journalism - dziennikarstwo
joyfully - wesoło
judge - sędzia
juice - sok
July - lipiec
jumps - podskakuje, wskakuje
jurisprudence - prawoznawstwo
just - tylko
justice - sprawiedliwość
keeps - powtarzać
kill - zabić
kilogram - kilogram
kind - raczej
kindergarten - przedszkole
king - król
kisses - całuje
kitchen - kuchnia
knew - wiedział
know - wie
knowing - wiedząc
knowledge - wiedza
knows - wie
landscape - krajobraz
language - język
laptop - laptop
late - późno
lately - ostatnio
later - później
laugh - śmiech, smiać się
laughing - smiejąc się
laughs - śmieje się
laws - prawa
lazy - leniwy
leads - prowadzi
learned - nauczyć się
leash - smycz
leather - skóra
leave - odejść
lectures - wykład
left - wyszli
legs - nogi
length - długość
lesson - lekcja
let - pozwala
letter - list
level - poziom
library - biblioteka

lid - pokrywa
lies - leży
life - życie
light - światło
like - lubić
likes - lubi
listening - słucha
listens - słucha
literature - literatura
little - mały
lives - mieszka
living - mieszka
loading - ładuje
loads - dużo
loaf - kromka
local - lokal
lock - zamknąć
log out - wylogować się
long - długi
look - wyglądać
looking - patrzy
looks - wygląda
lose - tracić
loss - strata
lost - zgubić
loudest - najgłośniej
loudly - głośno
love - miłość, miłosny
loves - kocha
low - niski
lower - niżej
lowermost - najniższej
luck - szczęście
luggage - badaże
lunch - lunch
lying - leżący
Madam - pani
magazines - czasopisma
magnificent - wspaniały
main - główny
man - mężczyzna
manager - manedżer
manages - radzi sobie
market - sklep
marks - stopnie
married - pobrali się
marry - (poprosić) o rękę, poślubić
Mars - Mars
masks - maskuje
masterpiece - dzieło sztuki, arcydzieło
mating - krycie
matter - Znaczenie, sprawa
may - możę
maybe - może
me - ja, mnie
meal - posiłek
mean - mieć na myśli, chodzić o
meaning - znaczenie
means - znaczy
meanwhile - w międzyczasie
medical - medyczny
medieval - średniowieczny
medium-sized - średnie
meet - poznać
meeting - spotkanie
members - członkowie
menu - menu
meows - miauczy
merrily - radośnie
message - wiadomość
met - spotkać
metal - metal
meters - metry
mice - myszy
middle - środek
millions - miliony
mind - umysł, uważać
minutes - minuty
mirror - lustro
misses - tęskni
missing - brakuje
mistake - błąd
mister - pan
mixed up - zmieszany
modern - nowoczesne, współczesne
modest - skromny
mom - mama
moment - moment

money - pieniądze
month - miesiąc
mood - nastrój
mop - mop
more - więcej
more strictly - dokładniej
moreover - ponadto
morning - rano
most famous - najsławniejszy, najbardziej znany
most interesting - najbardziej interesujący
mother - mama
mountain - góra
mouse - mysz
mouth - usta
move - ruszać się
movie - film
much - wiele, dużo
museum - muzeum
mushroom - grzyby
music - muzyka
must - musieć
my - mój,moje
myself - siebie
name - imię
nanny - niania
national - narodowy
near - blisko
nearby - blisko
nearest - najbliższy
need - potrzeboiwać
needs - potrzebuje
neighbor - sąsiad
neighboring - sąsiadujący
nervous - nerwowy
never - nigdy
nevertheless - jednakże
new - nowy
news - wiadomości
newspaper - gazeta
next to - obok
nickname - przezwisko
night - noc
no - nie
nobody - nikt
nods - przytakuje
noise - hałas
noon - południe
north - północ
not - nie
note - wiadomość
notebooks - zeszyty
nothing - nic
notices - zauważa
now - teraz
number - numer
obedient - posłuszny
objects - przedmioty
obligatory - obowiązkowy
obvious - oczywiste
of course - oczywiście
offer - oferta
office - biuro
often - często
OK - ok, dobrze
okay - dobrze, ok
old - stara.starsza
oldest - najstarsza
omelette - omlet
on business - w interesach
one - jeden
only - tylko
ooh - och
Opel - opel
open - otwarte
opinion - opinia
option - opcja
or - albo, lub
ordinary - zwykły
organization - organizacja
other - inny
our - nasz
out - na zewnątrz
outraged - oburzony
outside - na dworze, na zewnątrz
outward - wstecz
oven - piekarnik
over - nad

overcome - pokonać
overtakes - wyprzedza
own - mieć
owner - właściciel
owners - właściciele
pack - pakuje
package - paczka
packet - paczka
paid a compliment - sprawił komplement
painting - malowanie
pale - blada
papers - papiery, dokumenty
parents - rodzice
park - park
pass - zdać
passes - mija
passion - pasja
past - przeszłość
patiently - cierpliwie
paw - pazur
pay attention - zwracać uwagę
pays a visit - składać wizytę
peace - pokój
people - ludzie
perfectly - perfekcyjnie
perhaps - może
period - okres
person - osobiście
pet - zwierzątko
pets - zwierzęta
petting - głaszcze
phone - dzwonić
phones - dzwoni
photos - zdjęcia
phrase - zdanie
pick - zbierać
picnic - piknik
picture - obraz
pile - sterta
place - miejsce
plane - samolot
plastic - plastik
plate - talerz
platform - peron
play - bawi się
playing - bawić się
plays - bawi się
please - proszę
pleasure - przyjemność
plug - wpiąć
poems - wiersze
poetry - poezja
point - punkt
points - wskazuje
policeman - policjant
politely - grzecznie
poor - biedny
poorly - słabo
porcelain - porcelana
possible - możliwe
post - post
postcards - pocztówki
praise - chwalić
prank - kawał
pray - modlić się
prepare - przygotować się
preparing - przygotowuje się
present - prezent
presses - naciska
pretty - ładny
print - druk
probably - prawdopodobnie
probation period - okres próbny
problem - problem
professional - profesjonalny
professor - profesor
profile - profil
proud - dumny
proudly - dumnie
prove - udowodnić
public - publiczny
purchases - kupuje
purring - mruczy
pushing - pchając
put - wkładać, włożyć
questions - pytania
quickly - szybko
quiet - cicho

quietly - cicho
quite - cicho
quiz - przepytać
radio - radio
random - przypadkowy
rare - rzadki
rarely - rzadko
rats - szczury
reach - dosięgnąć
react - reaguje
reading - czyta
reads - czyta
ready - gotowy
real - prawdziwy
realizes - zdaje sobie sprawę
really - naprawdę
recalls - przypominać
receive - otrzymuje
recently - niedawno
recipe - przepis
recognize - poznawać
recommends - poleca
red - czerwona
refuses - odmawia
relative - krewny
remain - zostają
remember - pamiętać
remind - przypominać
repeats - powtarza
replies - odpowiada
required - wymagany
rescuer - wybawiciel
resolve - skutkować
rest - odpoczywać
restaurant - restauracja
restless - niespokojny
retells - przekazuje
returns - wraca
revenge - zemsta
revive - ożywić
right here - dokładnie tutaj
ringing - dzwoni
rings - dzwoni
rips - rozrywa się
risk - ryzyko
river - rzeka
road - droga
robert's - Roberta
romantic - romantyczna
room - pokój
rope - lina
rubber - gumowa
run - biega
running - biegnie
runs - biegnie
rushed - ruszył
sad - smutny
sadly - ze smutkiem
said - powiedział
Saint - święty
salary - pensja
salesman - sprzedawca
saleswoman - sprzedawczyni
same - trochę
samples - próbki
satisfied - zadowolona
sausage - kiełbasa
saved - uratowany
saw - widział
says - mówi
scene - scena
school - szkoła
schoolmate - szkolny kolega
scissors - nożyczki
scolding - beszta
scolds - przeklina
scoundrel - łajdak
screen - ekran
sculpture - rzeźba
sea - morze
seals - wkładać do koperty, pieczętować
seat - siedzenie
second - drugi
secretary - sekretarka
secretly - potajemnie
see - widzieć
seems - wydaje się
sees - widzi

seldom - rzadko
sell - sprzedawać
send - wysyła
sense - rozsądek
sensible - czuły
sent - wezwany
sentences - zdania
separated - oddzieleni
serious - poważny
seriously - poważnie
settles down - rozsiada się
seventy - siedemdziesiąt
several - kilka
shakes - potrząsa
shall - skradziony
shaman - szaman
she - ona
sheet - kartka
shining - ślniący
shoes - buty
shop - sklep
short - niski
should - powinien
shouting - krzyczy
shouts - krzyczy
shown - pokazany
shows - pokazuje
shy - nieśmiały
shyly - nieśmiało
sick - chory
side - strona
sighs - wzdycha
sights - widoki
silent - cicho
silly - głupi
similar - podobnyh
simple - łatwy
simply - po porstu
since - od
sing - śpiewać
singing - śpiewając
single - pojedyńczy
sis - siostra
sister - siostra
sits - siada, siedzi
sitting - siedzi
situation - sytuacja
six - sześć
size - rozmiar
sleep - spać
sleeping - śpiąc
sleeps - śpi
sleepy - śpiący
slightly - lekko
slowly - powoli
sly - przebiegły
slyly - chytrze
small - małe
smart - mądry
smell - zapach
smiles - uśmiecha się
smoke - dym
snack - przekąska, przekąsić
snowing - pada śnieg
so - tak
socket - skarpeta
sold - sprzedany
solution - rozwiązanie
some - jakieś
somebody - ktoś
someone - ktoś
something - coś
sometimes - czasami
somewhere - gdzieś
son - syn
soon - wkrótce
soul - dusza
sounds - brzmi
soup - zupa
Spanish - hiszpański
spare time - czas wolny
Sparta - Sparta
speak - mówić
speaks - mówi
specialty - specjalność
speed - przyspiesza,prędkość
spend - spędzać
spending - wydawać

spends - spędza
spirit - duch
splashes - chlapie
splattered - poplamiony
spoil - popsuć, zrujnować
spoke - powiedział
spot - zauważyć
spring - wiosna
stabs - dźga
stairs - schody
stands - stoi
stares - gapi się
starts - zaczyna
station - stacja
stay - zostać
stays - zostaje
stepped - nadepnął
sticking out - wystającymi
still - wciąż
stolen - ukradł
stop - przestać
store - sklep
stories - historie
story - opowieść
straight - prosto
strain - napięcie
strange - dziwny
strangely - dziwnie
street - ulica
stretch - rozciąga się
strict - stanowczy
strictly - dokładnie
strong - silny
strongly - ostro, mocno
student - uczeń
studies - studia
study - się uczyć
studying - studiuje
stupid - głupi
style - styl
subject - przedmiot
subway - metro
succeeds - udaje się
successfully - z powodzeniem
such - taki
suddenly - nagle
suggests - proponuje
suitable - odpowiedni
suitcase - walizka
suitcases - walizki
sum - suma
summer - lato
sun - słońce
sunbathing - opalanie się
Sunday - niedziela
supermarket - supermarket
supervising - nadzoruje
supports - wspiera
supposes - przpuszcza
sure - pewny
surgery - operacja
surprise - niespodzianka
surprised - zaskoczony
sweets - słodycze
swimming - pływanie
swimming pool - basen
swimsuit - strój kąpielowy
switch off - zakręcić
symbol - symbol
table - stół
tablet - tablet
tail - ogon
take - brać
takes - używa
taking - zabierać
talent - talent
talk - mówi
talking - mówiąc
talks - mówi
tall - wysoki
task - zadanie
taste - smak
tasty - smaczne
taxi - taksówka
taxi service - usługi przewoźników
tea - herbata
teacher - nauczyciel
teaches - uczy

telephone - telefon, komórka
telling - opowiada
tells - opowiada
temper - temperament
temporary - tymczasowo
ten - dziesięć
tenth - dziesiąte
term - termin
terrible - sztraszny
terribly - strsznie, okropnie
test - test
text - tekst
textbook - podręcznika
than - niż
thank - dziękować
that - to, że
that's - tak, że
their - ich
them - im
theme - temat
themselves - siebie
then - potem,wtedy
there - tam
these - te
they - oni
thing - rzecz
thinks - myśli
third - trzeci
thirteen - trzynaście
this - to,ten
those - te
though - chociaż
thought - pomyślał
thoughtfully - rozważnie
thoughtlessly - bezmyślnie
thoughts - myśli
thread - nić
three - trzy
three o'clock - trzecia godzina
threw - rzucił
through - przez
throw out - wyrzucić
ticket - bilet
tie - krawat
ties - przywiązuje
tight - mocno, ciasno
tightly - ściśle
till - aż, do
tilted - przechyloną
time - Zeit, die
tiptoe - na palcach
tired - zmęczony
to - do
today - dziś
together - razem
told - powiedział
tomato - pomidor
tomorrow - jutro
tone - ton
too - zbyt
took - zabrał
tooth - ząb
toothache - ból zęba
top - góra
top-notch - najwyższy poziom
tore - podarł
tourniquet - opaska
towards - do
towel - ręcznik
town - miasto
toys - zabawki
traditions - tradycje
train - pociąg
trained - wyszkolony
tram - tramwaj
translate - tłumaczyć
translation - tłumaczenie
transportation - transport
trash - śmieci
traveling - podróżuje
treats - traktuje
tree - drzewo
tries - próbuje
triumphs - triumfuje
trucks - ciężarowka
true - prawda
trunk - bagażnik
truth - prawda

try - próbować
try hard - starać się
trying - próbować
tube - tuba
Tuesday - wtorek
tulips - tulipany
tunnel - tunel
turns - obraca się
twenty - dwadzieścia
Twitter - Twitter
two - dwa
unchecked - niesprawdzony
uncivilized - niecywilizowany
uncle - wujek
under - pod
understand - rozumieć
understands - rozumie
understood - zrozumiał
uneasy - nieswojo
unexpectedly - niespodziewanie
unfortunately - niestety
uniform - uniform
university - uniwersytet
unpleasant - niemiły
unusual - niezwykły
unusually - niezwyczajnie
upset - smutny
urgently - pilnie
us - nas
uses - używać
using - używając
usually - zazwyczaj
vacation - wakacje
vaccinations - szczepienia
valuable - cenne
various - różne
vegetables - warzywa
very - bardzo
village - wieś
visit - odwiedzić
visiting - odwiedzają
voice - głos
wadding - watowanie
wait - czekać
waiter - kelner
waiting - czekając
wakes up - budzi się
walk - spacer
walk the dog - wyprowadzać psa
walking - wyprowadzać
want - chcieć
wants - chce
warn - ostrzegać
was - był
washes - myje
wasn't - nie był
waste - marnować
watch - patrzy
watches - obserwuje
watching - obserwując
water - woda
way - sposób
we - my
weather - pogoda
Wednesday - Środa
week - tydzień
weekend - weekend
well - dobrze
went - poszedł
were - byli
what - jaki
wheel - koło
when - kiedy
where - gdzie
which - który, które, które
while - podczas
white - biały
who - kto
whole - całe/cały
why - dlaczego/dlatego
wide-eyed - szerokie oczy
widely - szeroko
wife - żona
will - wola
window - okno
wipe off - wycierać
wisest - najmądrzejszy
with - z

with - z
without - bez
woman - kobieta
wonder - zastanawia się
wonderful - cudowny
wood - drewno
word - słowo
work - praca
working - pracując
workplace - miejsce pracy
works - pracuje
worried - zmartwiony
worry - martwić się
would - by
wrap - pakować
writer - pisarz
writes - pisze
written - napisany
wrote - napisał
yard - podwórko
year - rok
years - lata
yellow - żółty
yes - tak
yesterday - wczoraj
yet - jeszcze
you - ty, oni
you're - ty jesteś
you're welcome - proszę bardzo
young - młody
younger - młodsza
your - twój,twoje
Zeus - Zeus

* * *

CPSIA information can be obtained at www.ICGtesting.com
Printed in the USA
BVOW04s1824091115

426407BV00001B/3/P

9 781496 019257